JN060003

CONTENTS

「一坪でできる野菜づくり」とは？

家庭菜園はある程度の広さがないとできないと思っていませんか？　実際には一坪(畳2畳分)のスペースがあれば、トマト4株、キュウリ2株、ラッカセイ5株、オクラ4株、ネギ10株、エンサイ4株を育てることができます。本書では、一坪で野菜をたっぷり栽培するためのコツを紹介します。

本書の見方

野菜名

一般的な名前をカタカナで記します。

ジャンル

実＝実もの野菜
葉＝葉もの野菜
根＝根もの野菜
に分類しています。

科名(従来の分類体系による)

野菜ごとの科名を表記します。

土づくり

種まき・植えつけ前に施す石灰などの量を記します。本書の化成肥料はN-P-K=8-8-8を使用しています。

DATA

輪　　作：連作障害を避けるための、輪作する期間を表します。
　　　　　連作障害・輪作についてはP.101参照。
成育適温：成育に適した温度を記します。
株　　間：その野菜にとって最適な株間を表します。
条　　間：畝の幅に数条(列)栽培する場合の間隔を示します。

早めの収穫で株を疲れさせない

ズッキーニ　実

【ウリ科】

DATA
●輪作：1～2年
●成育適温：20～28℃
●株間：60㎝

土づくり・畝づくり

土づくり：植えつけ2週間前に苦土石灰100g/㎡、植えつけ1週間前に堆肥2kg/㎡と化成肥料200g/㎡

ポイント

- うどんこ病にかかりやすいので、株元の古い葉は適宜摘み取って風通しをよくする。
- 支柱を立てる場合は実や株の重みで折れないように、こまめに誘引する。
- 実のとり遅れは株に負担がかかるので、早めに収穫する。
- 花ズッキーニはつぼみの状態で収穫する。

カレンダー

1	2	3	4	5	6	7	8	9	10	11	12

種まき
間引き
植えつけ
追肥
支柱立て・誘引
収穫

1 種まき ●3月下旬～4月下旬

ポットに培養土を入れ、指先で3カ所窪みをつける。それぞれの窪みに1粒ずつ種をまく。

土をかぶせて、表面を軽く押さえ、種と土が密着するようにたっぷりと水やりをする。発芽まで26～28℃で管理する。

2 間引き ●4月上旬～5月上旬

本葉が2～3枚出てきたら間引きをする。

成育・葉の色が悪いものを選んで、つけ根からハサミで切って1株にする。

—30—

3 植えつけ ●4月下旬～5月

本葉が5～8枚出てきたら、株間60㎝に植え穴を掘る。根鉢を崩さないように取り出し、植え穴に入れる。

植えつけ後、根鉢の上部に薄く土をかぶせて軽く押さえ、土が密着するようにたっぷりと水やりをする。

大きくなるまで寒冷紗などでトンネルがけしておくと、害虫対策になる。

4 追肥 ●5月上旬～7月上旬

植えつけから2週間ほどしたら株の様子を見ながら、1カ月に1～2回追肥をする。葉の広がりに合わせて1㎡当たりひと握り(20～30g)の化成肥料を施す。

表面の土をほぐすように肥料と軽く混ぜ、株元に土を寄せる。

5 支柱立て・誘引 ●5月中旬～7月上旬

株が伸びてきたら垂直に支柱を立てて、ゆるめの8の字にひもを絡めて支柱側で結ぶ。

先端が伸びるたびに誘引して、下葉が混み合っているようなら摘み取って風通しをよくする。

6 収穫 ●6月中旬～7月

開花から1週間ほどで長さ20㎝前後になったら、ヘタをハサミで切って収穫する。

Point 実のとり遅れに注意

ズッキーニは、すぐに大きくなってしまうため、とり遅れないように早めの収穫を心がける。実を大きくしすぎると株に負担がかかり、実が割れてしまうことがある。

ズッキーニ

—31—

ポイント

その野菜の特徴、栽培する前に押さえておきたいポイントなどを記します。

カレンダー

関東以西の温暖な場所を基準にした、栽培手順に沿った12カ月のカレンダーです。栽培場所の環境や気候によっては前後しますので、あくまでも目安として考えてください。

土づくり・畝づくり

畝の幅や高さなどをイラストで示します。また、畝のどのあたりが適しているかを右のイラストで表します。明るい色の部分が栽培に向く場所です。

Point!

栽培で重要なポイントや役立つ情報を掲載します。

PART 1

春から育てる野菜

家庭菜園の定番野菜は、春からの栽培に向くものがほとんどです。
トマトなどの実ものは種まき時期が早く、温度管理も必要なので、
苗を購入してもよいでしょう。

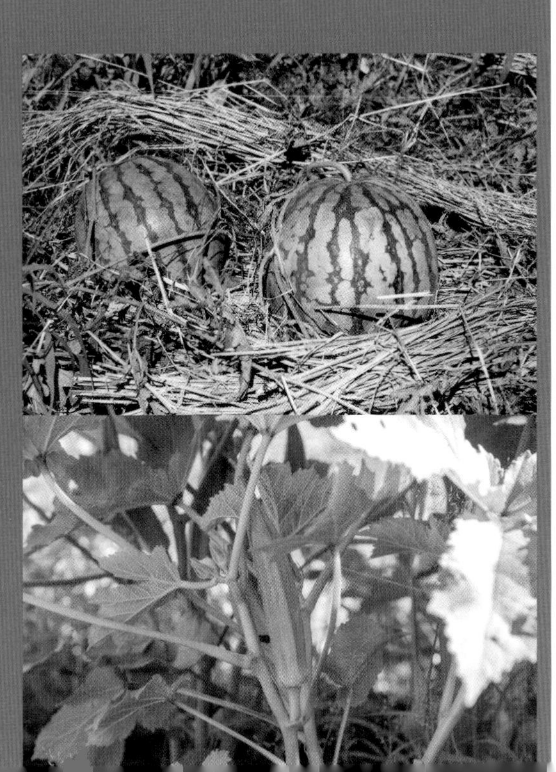

畑に合わせてつるあり種とつるなし種を選ぶ

インゲン 実

【マメ科】

DATA
- 輪作：2～3年
- 成育適温：15～25℃
- 株間：30～40㎝
- 条間：40～50㎝

土づくり・畝づくり

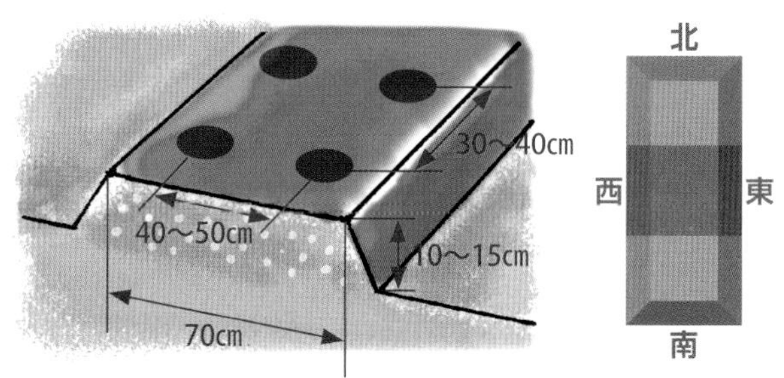

土づくり：種まき2週間前に苦土石灰200g/㎡、種まき1週間前に堆肥2kg/㎡と化成肥料200g/㎡

ポイント

- つるあり種とつるなし種がある。つるあり種は長期間収穫でき、つるなし種は収穫が短期間になる。栽培上の違いはほとんどないが、つるあり種では支柱を立てる。
- 種まき後は鳥に食べられないように、本葉が出るまで寒冷紗のトンネルかペットボトルを半分に切ったものをかぶせておく。
- 次々と実をつけるので、とり遅れないようにする。

カレンダー

1	2	3	4	5	6	7	8	9	10	11	12
					種まき						
						間引き					
							支柱立て・誘引				
							追肥				
									収穫		

1 種まき

●5月～6月中旬

株間30～40㎝、条間40～50㎝に指で種の大きさの2～5倍の窪みをつけて種を3～4粒まく。土をかぶせてたっぷりと水やりをする。

種まき後、鳥に食べられることがあるので、トンネルをかけるかペットボトル(P.50ラッカセイ参照)などをかぶせる。

2 間引き

●5月中旬～6月下旬

本葉が2～4枚出てきたら、成育の悪いもの、葉が傷んでいるものを選んで間引きをする。

間引く株の株元を指で押さえ、ほかの株が抜けないように引き抜いて1カ所2株にする。

3 支柱立て・誘引

●5月中旬〜7月

つるあり種では、つるが伸び出してきたら、支柱を立てて誘引する。支柱が上部で交差するように斜めに立てる。

交差した部分をひもで縛り、横に支柱を渡してしっかりと固定する。

強度を高めるために、支柱の片側の側面に斜めに支柱を立てて固定する。つるが絡みやすいように等間隔でひもを支柱の間に張る。

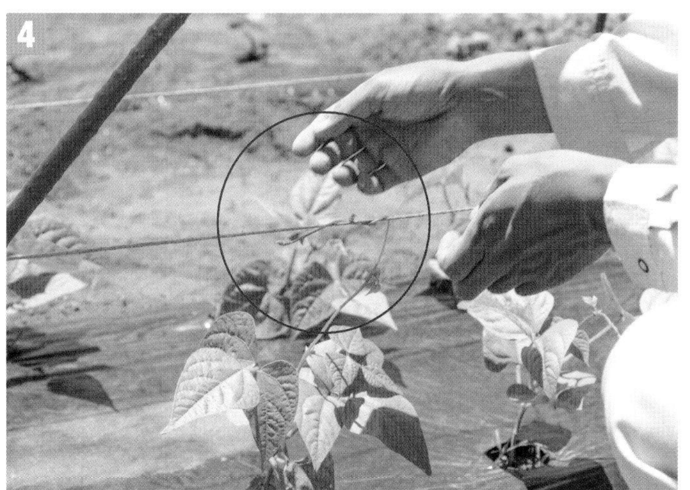

支柱を立てたら、支柱やひもにつるを絡めて誘引する。

4 追肥

●6月〜7月

つるが伸びてつぼみがつきはじめたら追肥をする。畝の両側の脇に溝を掘る。

1㎡当たりひと握り(20〜30g)の化成肥料をそれぞれの溝に施して土をかぶせる。その後、株の様子を見ながら1カ月に1〜2回追肥をする。

5 収穫

●6月中旬〜10月上旬

サヤがつきはじめたら、品種に合った大きさのものから、ハサミで切って収穫する。収穫が遅れると味が悪くなるので、多少小さくても早めの収穫を心がける。

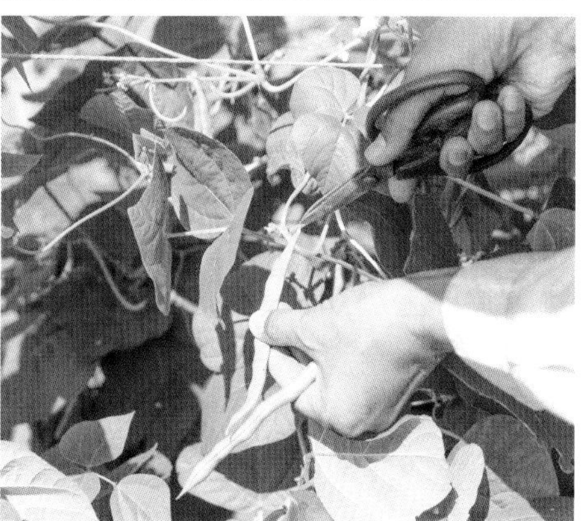

Point!

狭い場所ではつるなし種

狭い場所や秋の野菜とのタイミングが合わないときは、つるなし種を植えて短期間栽培するとよい。収穫期間は2カ月前後となる。

とれたては味も香りも格別

エダマメ 実

【マメ科】

DATA
- 輪作：2～3年
- 成育適温：20～25℃
- 株間：30cm
- 条間：30cm

土づくり・畝づくり

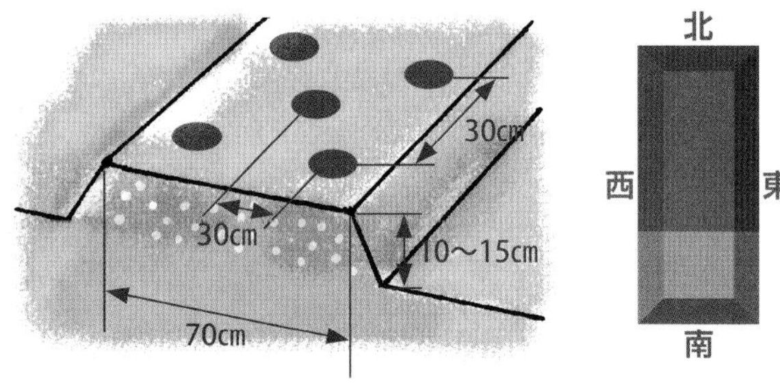

土づくり：種まき2週間前に苦土石灰200g/㎡、種まき1週間前に堆肥2kg/㎡と化成肥料100g/㎡

ポイント

- **株間はほかの野菜よりも取らないので、株間30cmの3条植えで育てる。**
- **種まき後は、鳥に食べられないように寒冷紗のトンネルやペットボトルを半分に切ったものなどをかぶせて種を守る。**
- **追肥は株の様子を見て行う。肥料の量が多いと枝葉ばかりが茂って実をつけない「つるボケ」になってしまう。**

カレンダー

1	2	3	4	5	6	7	8	9	10	11	12
						種まき					
							追肥				
									収穫		

1 種まき・間引き

●4月中旬～6月

株間30cm、条間30cmに指で種の大きさの2～5倍の深さの窪みをつける。窪みの中に3～4粒の種をまく。種は縦に重ならないようにする。

土をかぶせて表面を軽く押さえ、種と土が密着するようにたっぷりと水やりをする。

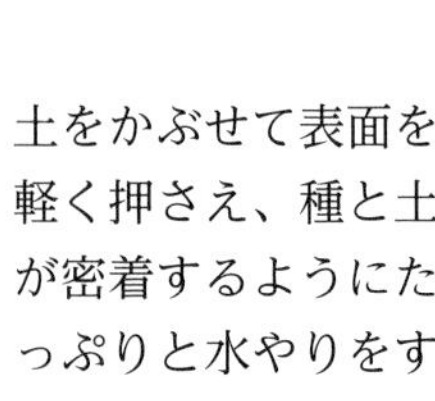

種まき後、鳥に食べられないように寒冷紗のトンネルをかけるか、ペットボトルを半分に切ったものなどをかぶせて種を守る。

発芽後、本葉が2～3枚出てきたら、成育の悪いもの、葉が傷んでいるものを選んで間引きする。1カ所2株とする。

2 追肥

●6月～8月上旬

花が咲きはじめたら株の様子を見て、葉が茂りすぎていないようなら追肥をする。

1 クワを使って、畝の脇の両側に深さ10㎝程度の溝を掘る。

2 1㎡当たり軽くひと握り(10～20g)の化成肥料を、それぞれの溝と、畝の条間に施す。

3 溝を埋め戻し、畝の条間の土と肥料を軽く混ぜ、株が倒れないように株元(かぶもと)に土を寄せる。

3 収穫

●7月～9月

大部分のサヤが充実して濃い緑色になってつやが出てきたら、株の上部や下部に未熟なサヤがあったとしても、株ごと引き抜いて収穫する。

Point!

カメムシに注意

サヤがふくらみはじめた頃に、カメムシがやってきてサヤから汁を吸う。被害を受けたサヤは実がふくらまなかったり、形や味が悪くなったりするので、見つけ次第処分する。退治してもまた飛んでくるので、寒冷紗のトンネルなどで防ぐ。

空芯菜としてなじみの中国野菜

エンサイ（クウシンサイ） 葉

【ヒルガオ科】

DATA
- **輪作**：1～2年
- **成育適温**：25～30℃
- **株間**：40cm
- **条間**：60cm

土づくり・畝づくり

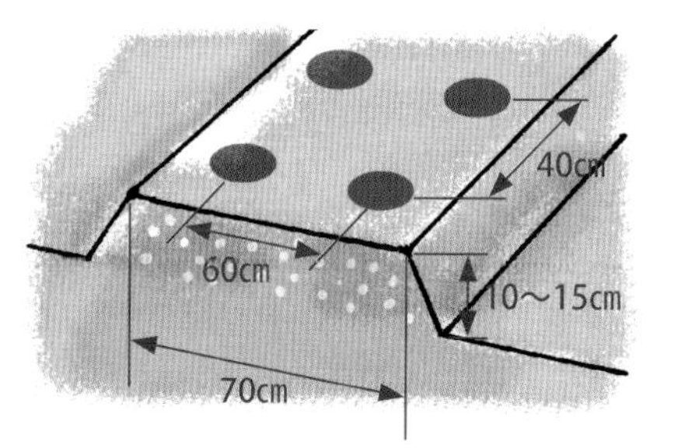

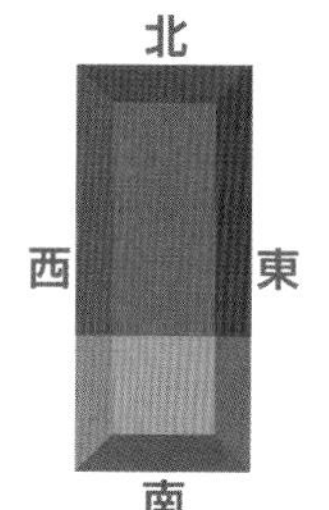

土づくり： 植えつけ2週間前に苦土石灰100g/㎡、植えつけ1週間前に堆肥2kg/㎡と化成肥料200g/㎡

ポイント

- 寒さに弱く暑さに強い。気温が上昇するとともに茎が長く伸びてくる。
- 畑への植えつけは気温が十分高くなってから行う。
- 先端のやわらかい部分を手やハサミで収穫して、わき芽を伸ばして葉を茂らせる。
- 収穫後に追肥をする。1カ月に1～2回程度。

カレンダー

1	2	3	4	5	6	7	8	9	10	11	12
				種まき							
					間引き						
						植えつけ					
				収穫							
				追肥							

1 種まき

●4月～5月中旬

ポットに培養土を入れ、指先で4カ所窪みをつける。それぞれの窪みに1粒ずつ種をまく。

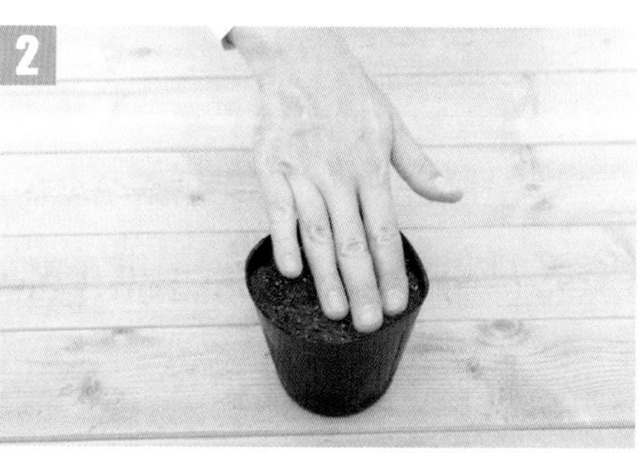

窪みに土をかぶせて、表面を軽く押さえる。種まき後、種と土が密着するようにたっぷりと水やりをする。発芽まで20～30℃で管理する。

2 間引き

●4月中旬～5月

本葉が3～4枚出てきたら、1ポット1～2株になるように間引く。生育の悪いものを選び、株元からハサミで切り取る。

残った株が本葉6～8枚くらいに育つまで生育適温で管理する。

3 植えつけ

●5月〜6月

1 本葉が6〜8枚になったら、株間40cm、条間60cmに植え穴を掘る。根鉢を崩さないように取り出して植え穴に入れる。

2 根鉢の上部に薄く土をかぶせて軽く押さえる。

3 根鉢と土が密着するようにたっぷりと水やりをする。

4 収穫

●6月〜10月中旬

1 草丈30cmほどになったら先端のやわらかい部分を収穫する。葉のつけ根あたりを手で折って収穫するかハサミで切る。

2 その後、葉と茎のつけ根からわき芽が伸びて成長してくる。

3 草丈50cmほどになったら、葉を数枚残して同じように収穫すると、再びわき芽が伸びて茂ってくる。わき芽が伸びるたびに繰り返し収穫して株全体をコンパクトにまとめる。

5 追肥

●6月〜9月

1 収穫後、1㎡当たりひと握り（20〜30g）の化成肥料を葉の広がりの下に施す。

2 土の表面をほぐして、肥料と混ぜ合わせ、株元に土を寄せる。株が大きくなったら、畝の両脇に溝を掘って肥料を施す。

Point!

花が咲いたら収穫終了

エンサイの花が咲く時期になると、気温も下がって成育が衰える。収穫を終える時期は花を目安にするとよい。

密に植えることで高さを抑える

オクラ 実

【アオイ科】

DATA
- 輪作：2～3年
- 成育適温：20～30℃
- 株間：30cm
- 条間：45cm

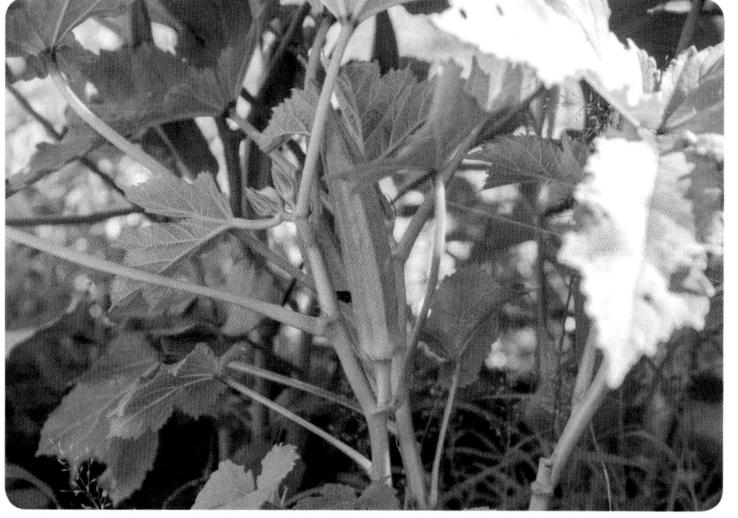

土づくり・畝づくり

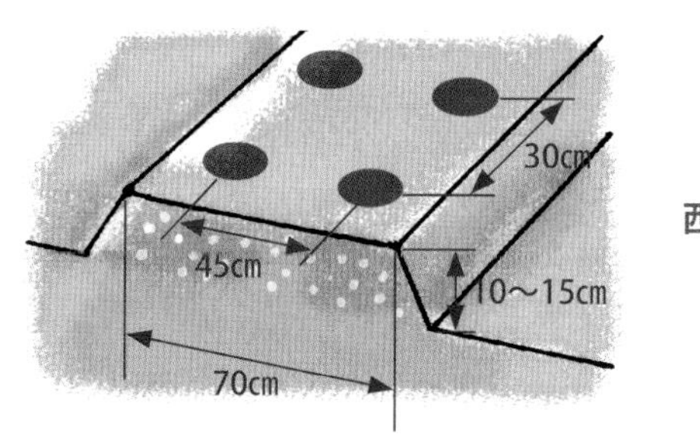

土づくり：植えつけ2週間前に苦土石灰200g/㎡、植えつけ1週間前に堆肥2kg/㎡と化成肥料150g/㎡

ポイント

- 1ポットの苗の数が少ないと、大きく成長して作業しにくくなる。反対に苗の数が多いと、成長が鈍って高さを抑えられる。収穫量はどちらも変わらないため、1ポット3株で育てる。
- 開花から1週間ほどで収穫できる。大きくなりすぎると固くなって食べられない。
- 収穫後、収穫した節までの葉は摘み取って風通しをよくする。

カレンダー

1	2	3	4	5	6	7	8	9	10	11	12
			種まき								
			間引き								
					植えつけ						
					追肥						
						収穫					

1 種まき ●4月

ポットに培養土を入れ、指先で4カ所窪みをつける。それぞれの窪みに1粒ずつ種をまく。

窪みに土をかぶせて、表面を軽く押さえる。種まき後、種と土が密着するようにたっぷりと水やりをする。発芽まで25～30℃で管理する。

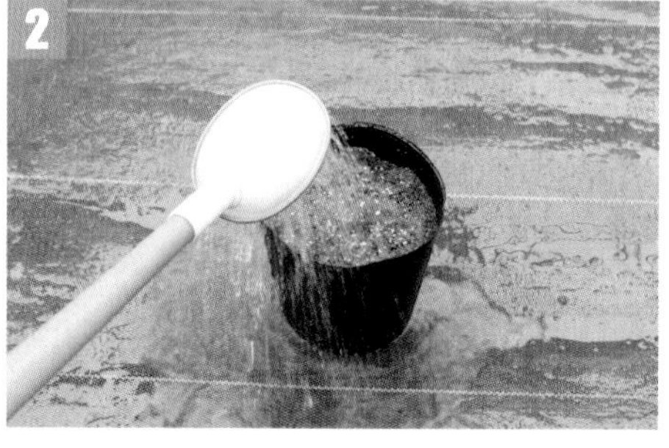

2 間引き ●4月中旬～5月中旬

発芽したら、成育の悪いものをひとつ選び、つけ根からハサミで切り取り、1ポットに3株にする。あえて密にすることで、高さが抑えられて作業しやすくなる。収穫量は1ポット1株と変わらない。

3 植えつけ

●5月～6月中旬

本葉が4～6枚出てきたら、株間30cm、条間45cmに植え穴を掘り、根鉢を崩さないように苗を取り出して植えつける。

大きく育て過ぎると根の伸びが悪くなるので注意。

根鉢の上部に土を薄くかぶせて軽く押さえ、根鉢と土が密着するようにたっぷりと水やりをする。

初期成長が遅いので、植えつけ直後はしっかり土寄せをする。

4 追肥

●6月～9月中旬

植えつけ1カ月後から、1カ月に1～2回の割合で追肥をする。株のまわりに1㎡当たりひと握り(20～30g)の化成肥料を施す。

表面の土と肥料を軽く混ぜ、株元に土を寄せる。

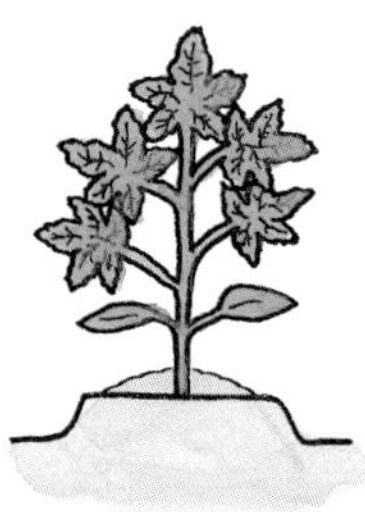

5 収穫

●7月～10月中旬

気温の上昇とともに株の下のほうから花が咲きはじめ、開花から1週間ほどで実をつける。花は朝に咲いて夕方に終わる。

品種固有の大きさに成長したものから収穫する。実のつけ根をハサミで切って収穫する。大きくなると実が固くなるので、とり忘れ・とり遅れがないように注意する。

Point! 葉を摘んで風通しをよくする

収穫後は風通しをよくするために、収穫した節から下の1～2節を残し、葉はすべて摘み取る。この作業は収穫とセットで行うとよい。

子づるを伸ばして実をつけさせる

カボチャ 実

【ウリ科】

DATA
- 輪作：1～2年
- 成育適温：20～25℃
- 株間：100㎝

土づくり・畝づくり

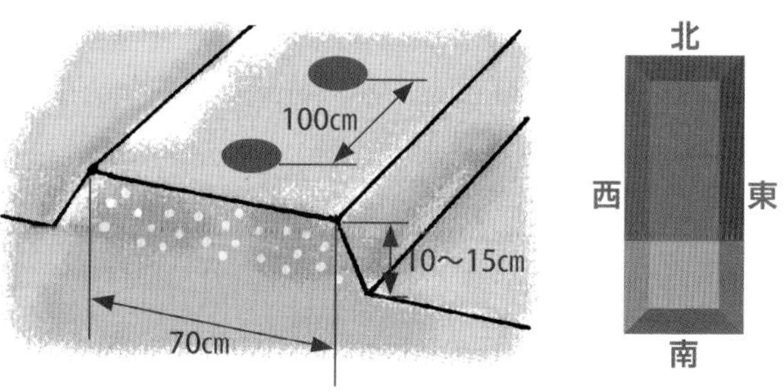

土づくり：植えつけ2週間前に苦土石灰100g/㎡、植えつけ1週間前に堆肥2kg/㎡と化成肥料200g/㎡

ポイント

- わらがない場合は、マルチに植えつけてもよい。
- つるを伸ばすスペースを確保する。スペースがない場合は、支柱を立てて栽培する。
- 日本カボチャと西洋カボチャがある。親づるを摘芯して子づる2～3本を伸ばす。日本カボチャは成育が安定しているので、親づるを伸ばして子づる1～2本を残してもよい。

カレンダー

1	2	3	4	5	6	7	8	9	10	11	12
				種まき							
				間引き							
					植えつけ						
					摘芯・敷わら①						
					芽かき						
						人工授粉・追肥・敷わら②					
							収穫				

1 種まき

●3月下旬～4月下旬

ポットに培養土を入れ、指先で2カ所窪みをつける。それぞれの窪みに1粒ずつ種をまく。

土をかぶせて、表面を軽く押さえる。種まき後、種と土が密着するようにたっぷりと水やりをする。発芽まで25℃前後で管理する。

2 間引き

●4月上旬～5月上旬

本葉が2～3枚出てきたら間引きをする。

成育の悪いものをひとつ選び、つけ根からハサミで切り取って1株にする。

3 植えつけ

●5月

本葉が4～5枚になったら、株間100㎝に植え穴を掘る。

根鉢を崩さないように取り出して植え穴に入れて軽く押さえる。

植えつけ後、根鉢と土が密着するようにたっぷりと水やりをする。

4 摘芯

●5月上旬～6月上旬

親づるが伸びはじめたら、摘芯をして子づるを伸ばす。

本葉5枚を残して先端をハサミで切り取る。摘芯後、適温であれば1～2週間で子づるが伸びてくる。

Point!

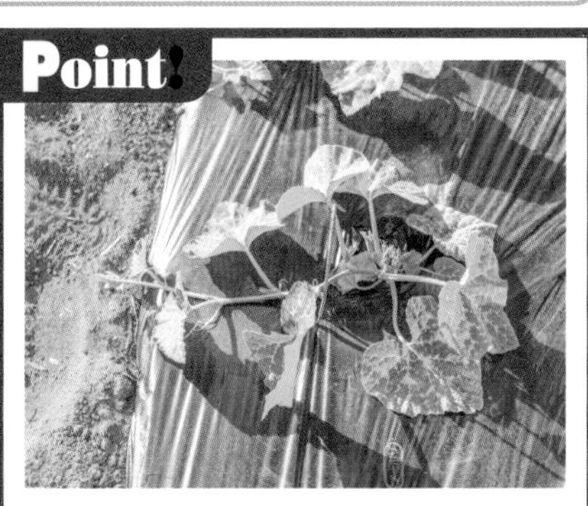

日本カボチャの摘芯

日本カボチャは成育がゆるやかなので、親づるを伸ばすほかに子づる1～2本で仕立ててもよい。

5 敷わら①

●5月上旬～6月上旬

摘芯後はわらを敷いて、乾燥や病気、雑草を防ぐ。

畝全体や株元にすき間がないようにわらを敷く。

Point!

ポリマルチでもOK

わらが手に入らないようなら、あらかじめマルチを張った畝に植えつけてもよい。

6 芽かき

●5月中旬〜6月中旬

子づるが伸びてきたら芽かきをして、1株から2〜3本のつるを伸ばす。

1 勢いのある太いものを2〜3本選び、残りのつるをすべて摘み取る。

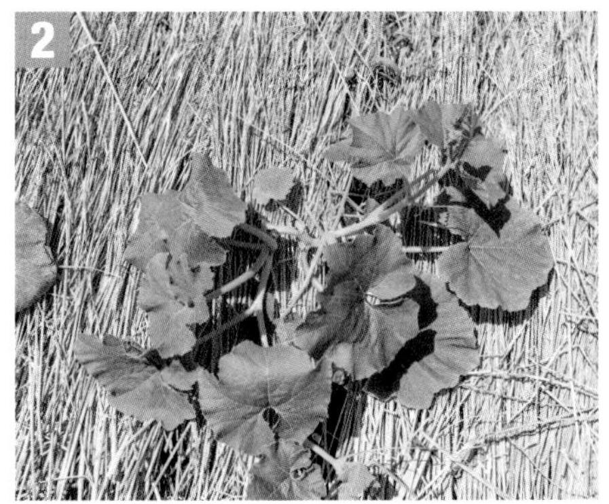

2 芽かき後、つるが伸びてきたらつるの先を伸ばす方向に向ける。

7 人工授粉

●5月下旬〜6月

雌花がつきはじめたら人工授粉をして確実に受粉させる。花びらのつけ根がふくらんでいるものが雌花。

2 雄花（花びらのつけ根がふくらんでいないもの）を摘み取って、花びらを取り除き、雄しべを出す。

3 雄しべの花粉を雌しべにまんべんなくこすりつけて受粉させる。実はつる1本に1個つくようにする。

人工授粉は、花粉が元気な午前中に行う。

8 追肥（ついひ）

●5月下旬〜6月

1 花が咲きはじめたタイミングで追肥をする。伸びたつるを一度畝（うね）に乗せる。

2 つるが伸びていた先端あたりに、1㎡当たりひと握り（20〜30g）の化成肥料を施す。

9 敷わら②

●5月下旬〜6月

1 追肥後、つるが伸びていた場所にわらを敷く。わらを敷くことで雨の跳ね返りを防いでつるや実が傷むのを防ぐ。

2 わらを敷き終わったらつるを伸ばす方向に戻す。

Point!

わらの代わりにトレーを敷く

マルチに植えつけた場合は、実がついたら発泡スチロール製の食品トレーなどを敷き、実が直接地面について傷まないようにする。

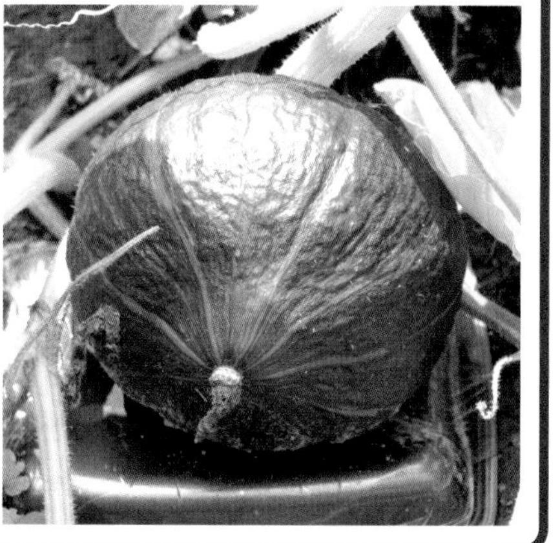

10 収穫

●7月上旬〜8月中旬

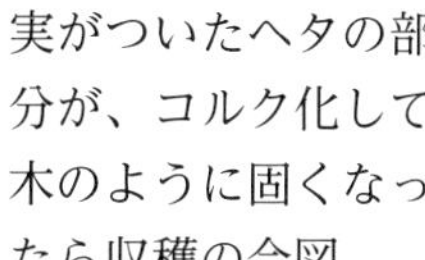

1 実がついたヘタの部分が、コルク化して木のように固くなったら収穫の合図。

2 ヘタをハサミで切って収穫する。収穫後は風通しのよい日陰に1週間ほどおくとデンプンが糖に変わっておいしくなる。

Point! 支柱を立ててスペースを確保

つるを伸ばすスペースがない場合は、支柱を立てて誘引(ゆういん)して育てる。支柱を合掌式に立て、囲むように等間隔でひもを張る。つるをひもに絡めながら誘引し、実がついたら実の部分だけが地面につくようにつるを下ろす(P.26〜スイカ参照)。

実が大きくなりすぎないうちに収穫

キュウリ 実

【ウリ科】

DATA

- 輪作（りんさく）：2～3年
- 成育適温：18～25℃
- 株間（かぶま）：40cm
- 条間（じょうかん）：45cm

土づくり・畝（うね）づくり

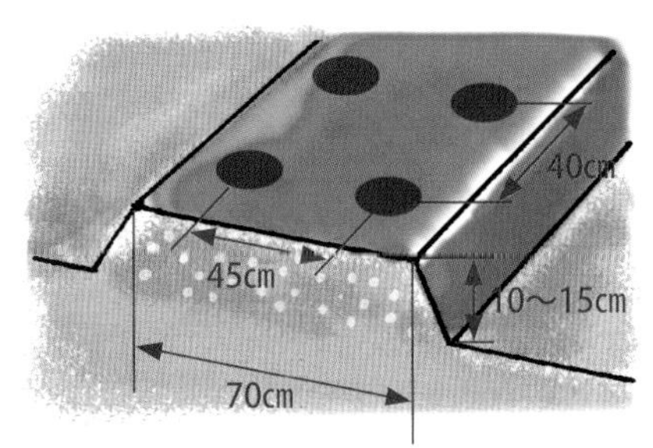

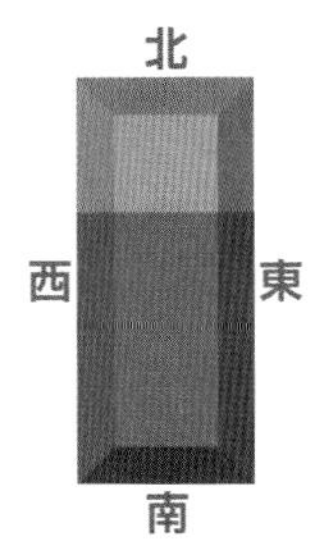

土づくり：植えつけ2週間前に苦土石灰（くどせっかい）200g/㎡、植えつけ1週間前に堆肥（たいひ）2kg/㎡と化成肥料300g/㎡

ポイント

- 苗を購入するなら、丈夫でよく育つ、接（つ）ぎ木（き）苗を選ぶ。
- 株元（かぶもと）から葉5～6枚までのわき芽は摘み取る。
- 伸びた子づるはすべて葉2枚をつけて、先端を摘み取ると、風通しがよくなって子づるに実もつく。
- 開花から1週間ほどで収穫できる。とり遅れると大きくなりすぎて味が悪くなる。

カレンダー

1	2	3	4	5	6	7	8	9	10	11	12
				種まき							
				間引き							
					植えつけ・支柱立て						
							誘引				
					芽かき						
							追肥				
							子づる摘芯				
								収穫			
							摘芯				

1 種まき

●3月下旬～4月下旬

ポットに培養土（ばいようど）を入れ、指先で3カ所窪みをつける。それぞれの窪みに1粒ずつ種をまく。

土をかぶせて、表面を軽く押さえ、種と土が密着するようにたっぷりと水やりをする。発芽まで25～30℃で管理する。

2 間引き

●4月上旬～5月上旬

本葉（ほんよう）が2～3枚出てきたら間引きをする。

成育の悪いものを選んで、ほかの株はつけ根からハサミで切って1株にする。

3 植えつけ

●4月下旬〜5月

本葉が4〜6枚になったら、株間40cm、条間45cmに植え穴を掘る。

1

2

根鉢を崩さないようにポットから苗を取り出して植え穴に入れる。

畝の表面と根鉢の表面が同じ高さになるように植える。

植えつけ後、根鉢と土が密着するようにたっぷりと水やりをする。

3

4 支柱立て

●4月下旬〜5月

支柱が上部で交差するように斜めに立て、交差した部分をひもで縛る。交差した部分に横に支柱を渡してしっかりと固定する。

1

2

強度を高めるために側面に斜めに支柱を立てて、しっかりとひもで縛る。

つるが絡みやすいように支柱の間に等間隔でひもを張ったら完成。

市販のキュウリ専用ネットを使ってもOK。

3

5 誘引（ゆういん）

●4月下旬〜7月

支柱を立てたら、つるを支柱に誘引する。ゆとりを持たせた8の字にひもを通し、支柱側で結ぶ。

1

つるが伸びるたびに、同じように誘引していく。

週１回程度を目安に行う。

2

6 芽かき

●4月下旬～6月上旬

1 支柱に誘引(ゆういん)したら、下から5～6枚までは、葉のつけ根から伸びるわき芽を摘み取る。

2 手でつまんで折り取る。このとき、花やつるなどもすべて摘み取ってしまう。

3 摘み取った状態。株の成長を助け、また株元(かぶもと)の風通しがよくなる。

7 追肥(ついひ)

●5月中旬～7月

1 つるが伸びはじめたら1カ月に1～2回追肥をする。畝の両脇に溝を掘る。

2 溝に1㎡当たりひと握り(20～30g)の化成肥料を施し、土をかぶせる。

8 子づる摘芯(てきしん)

●5月下旬～8月上旬

芽かきをしていない部分からは、子づるが伸びてくる。子づるを摘芯して株の成長・風通しをよくする。

2 すべての子づるは葉を2枚残して先端を手で摘み取る。摘芯すると子づるの1～2節の葉のつけ根に実をつける。

9 収穫

●6月中旬～8月

実の長さが20cm前後、太さ3cmほどになったら、ハサミで切って収穫する。

Point!

実は大きく育てない

実が大きく育つと味だけでなく、株の成育が悪くなるので取り忘れないように早めの収穫を心がける。通常、未熟な緑色の状態で収穫するが、完熟すると黄色くなる。

10 摘芯

●7月中旬～8月中旬

つるが支柱よりも高くなって作業しにくいようなら、つるの先端を摘芯して成長を止める。つるの先を手で持って折るように摘む。

Point!

害虫ウリハムシ

ウリハムシは、キュウリなどのウリ科の野菜につく、葉を食べる害虫。飛んでくるものを完全に防ぐことはできないので、こまめに捕まえて処分する。寒冷紗(かんれいしゃ)などをかけて予防してもよい。

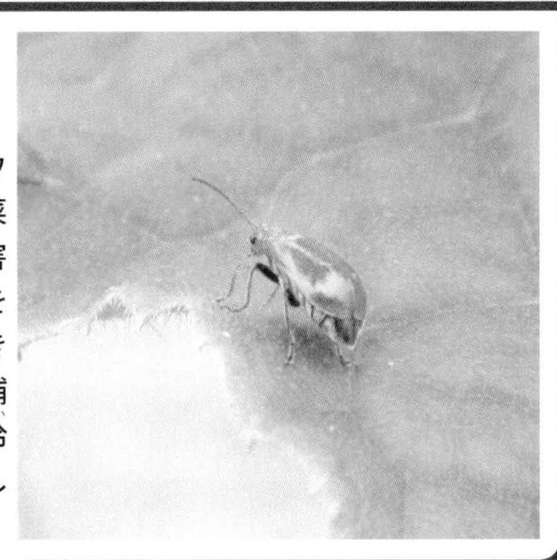

手間なく育ちイモ掘りも楽しい

サツマイモ 根

【ヒルガオ科】

DATA
- 輪作：1～2年
- 成育適温：22～30℃
- 株間：30㎝

土づくり・畝づくり

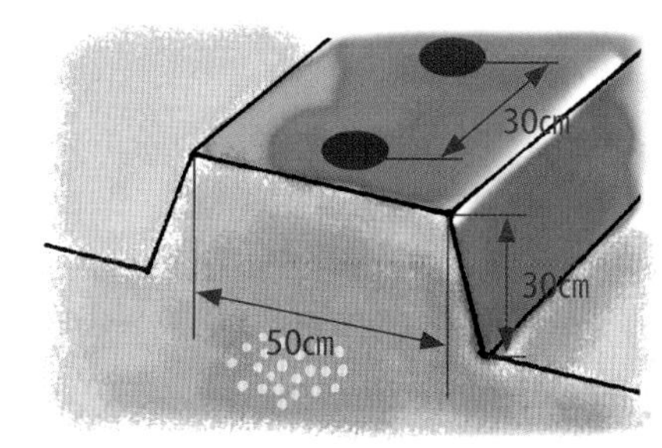

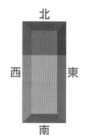

土づくり：植えつけ2週間前に苦土石灰200g/㎡、植えつけ1週間前に堆肥1kg/㎡と化成肥料50g/㎡

ポイント

- 高温や乾燥に強い。水はけが悪いと枯れることがあるので、畝を高くして水はけをよくする。
- マルチを張ると根づきやすく、イモも大きくなりやすい。
- 挿し穂の切り口から2～3節にイモをつけやすいので、植えつけのときは4節まで土に挿す。
- 肥料をよく吸収するので、追肥は必要ない。

カレンダー

1	2	3	4	5	6	7	8	9	10	11	12
					植えつけ						
						■	つる返し				
								収穫	■	■	

1 植えつけ

●5月～6月上旬

1 植えつけ前、バケツに水を張って挿し穂を入れて水を吸わせる。

2 株間30㎝ごとに、マルチの上から45°の角度で支柱を挿して穴をあける。

3 挿し穂を穴に入れる。先端から3～4節の部分が土に埋まるようにする。

4 植え穴に水を注ぎ、挿し穂と土が密着するようにする。植えつけ後、1カ月でつるが伸びはじめる。

2 つる返し

●7月中旬～8月

つるが伸びてきたら養分を吸いすぎて葉ばかり茂らないようにつる返しをする。つるを持ち上げて節から出た根を切る。

持ち上げたつるを畝に乗せる。節から出る根がイモにはならないが、片づけるときに楽になる。

Point!

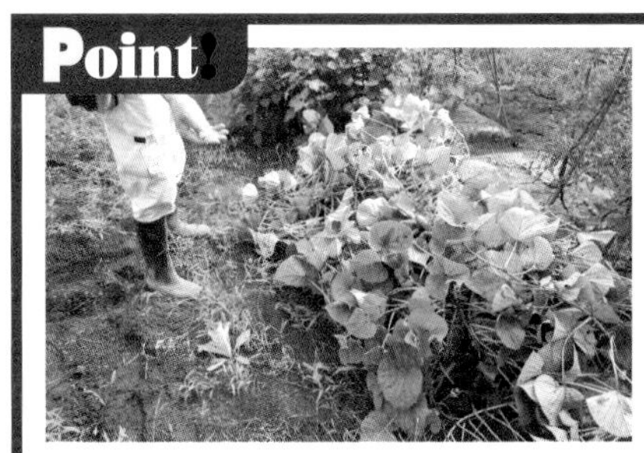

追肥はほとんど必要ない

窒素分を含む肥料を施すと茎葉ばかりが伸びてイモが育たない「つるボケ」になる。基本的に元肥だけで育て、葉の色が悪いようなら追肥する。

3 収穫

●10月～11月

霜が降りる前、葉が変色してきた頃に収穫する。

サツマイモは寒さに弱く、霜に当たると腐りやすくなるので注意。

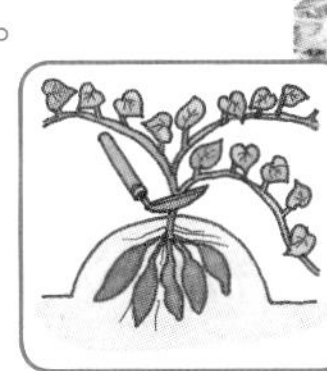

茎葉を株元から刈り取って収穫しやすいようにする。株元を少し掘ってイモを確認する。

マルチをやぶいて、株元から少し離れたところからスコップで掘り上げる。このとき株元に近いとイモを切ってしまうことがあるので注意。

イモを掘り上げたら、土の中に残ったイモがないか確認する。収穫後に2～3週間風通しのよい場所で保存すると甘みが増す。

Point!

細いイモ「ごぼう根」

土が固い場所で育てると「ごぼう根」といわれる細いイモになる。栽培するときはきちんと土を耕して高い畝をつくり、水はけ・通気をよくする。

暑さに強く乾燥に弱い

サトイモ 根

【サトイモ科】

DATA
- 輪作：3～4年
- 成育適温：25～30℃
- 株間：45㎝

土づくり・畝づくり

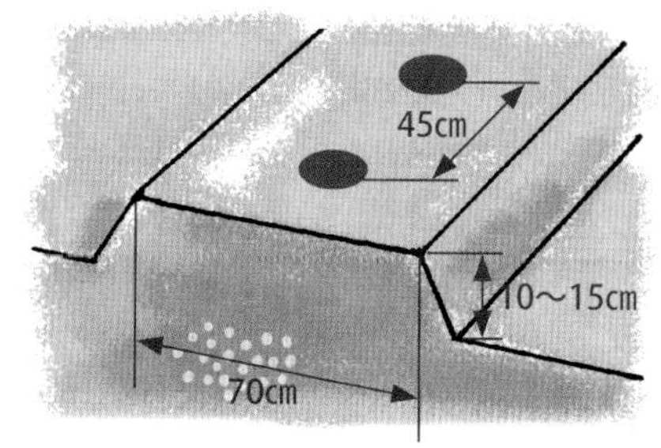

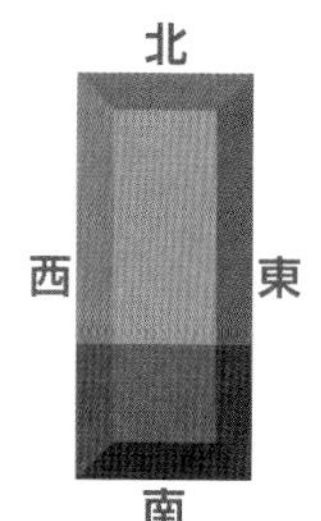

土づくり：植えつけ2週間前に苦土石灰100g/㎡、植えつけ1週間前に堆肥1kg/㎡と化成肥料300g/㎡

ポイント

- 高温多湿を好み、乾燥には弱い。
- 土寄せをして乾燥を防ぎ、夏に乾燥が続くときはたっぷりと水やりをする。
- 土寄せを行うとよく太った子イモができる。
- 霜が降りるとイモが傷むことがあるので、収穫は霜が降りる前までに行う。

カレンダー

1	2	3	4	5	6	7	8	9	10	11	12
					植えつけ						
						追肥・土寄せ①					
							追肥・土寄せ②				
										収穫	

1 植えつけ ●4月下旬～5月

株間45㎝に深さ10～15㎝ほどの穴を掘る。穴に種イモの芽を上にして植えつける。

土の表面から種イモの先端までの深さが種イモの長さと同じになるように調整し、土をかぶせて表面を軽く押さえる。

2 追肥・土寄せ① ●5月下旬～6月下旬

本葉が3～6枚出たら追肥をする。畝の両脇に溝を掘り、1㎡当たりひと握り（20～30g）の化成肥料を溝に施す。

追肥後、溝を埋めるようにしながら、株元が山になるように土寄せをする。

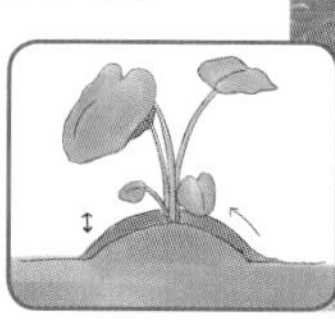

3 追肥・土寄せ②

●6月中旬〜8月中旬

子株がいくつか出てきたら、2回目の追肥をする。畝の両脇に溝を掘る。

1m²当たりひと握り(20〜30g)の化成肥料を溝に施す。

溝を埋めるように土を戻し、株元(かぶもと)がさらに高くなるように土寄せをする。

一度に土を寄せ過ぎるとイモが小さくなるので、このように2回に分けるのがポイント。

Point!

土寄せで子株に土をかぶせる

子株の下には子イモがついている。子イモ・孫イモを太らせるためには子株にしっかりと土寄せをする。

4 収穫

●10月〜11月上旬

霜が降りるとイモが傷むことがあるので、葉が枯れはじめたら、霜が降りる前までに収穫をする。まずは、カマを使って地上部をすべて刈り取る。

株元から少し離れた場所にスコップを入れて土を掘り起こし、手で慎重に掘り上げる。イモは親イモ、子イモ、孫イモに分けておくと使いやすい。

土寄せでイモを大きくする

ジャガイモ 根

【ナス科】

DATA
- 輪作：2～3年
- 成育適温：15～25℃
- 株間：30㎝

土づくり・畝づくり

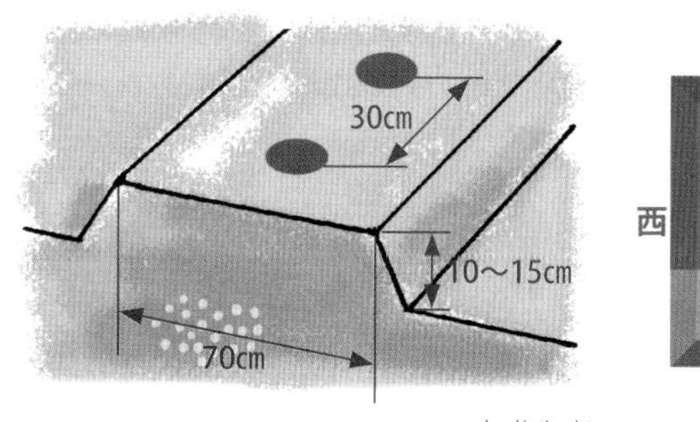

土づくり： 植えつけ2週間前に苦土石灰50g～100g/㎡（ソウカ病が出やすいので、石灰施用しないか少なくする）、植えつけ1週間前に堆肥1kg/㎡と化成肥料100g/㎡

ポイント

- 種イモは40g以下のものはそのまま植え、それ以上のものは30～40gにそれぞれ芽をつけて切り分ける。
- 芽の数が多いと、小さなイモが多数つくので、芽かきをして2～3本の茎を残す。
- イモは上へ上へとついてくるので、数回土寄せをしてイモを大きく育てる。

カレンダー

1	2	3	4	5	6	7	8	9	10	11	12
		植えつけ									
				芽かき							
					追肥・土寄せ						
						収穫					

1 植えつけ

●2月中旬～3月中旬

大きなイモはそれぞれに芽がつくように30～40gの大きさに切り分ける。

1

切り口を半日天日で乾燥させ、切り口の殺菌のために草木灰をつける。

2

畝の中央に深さ15㎝ほどの溝を掘る。切り口を下に向けて30㎝間隔で植えつける。足のサイズを目安にするとよい。

3

溝を埋め戻し、種イモと土が密着するように表面を手のひらで軽く押さえる。

4

2 芽かき

●4月

芽が複数伸びてきたら、芽かきをして2～3本の茎を残す。ほかの茎が抜けないように、芽かきをする茎の株元(かぶもと)を押さえてまっすぐ引き抜く。

芽かきをしないと小さなイモがいくつもできて、大きく育たない。

3 追肥(ついひ)・土寄せ

●4月中旬～5月下旬

高さ15cmほどになったとき、追肥・土寄せをする。畝の脇に1㎡当たりひと握り(20～30g)の化成肥料を施す。

土を株元に寄せ、株元がしっかりと埋まるようにする。

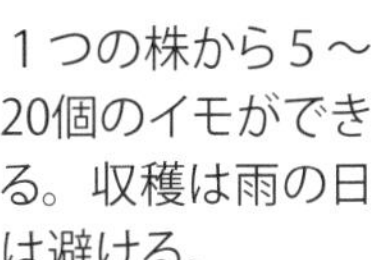

Point!

花が咲いたら2回目の追肥・土寄せ

花が咲いたときにも追肥・土寄せをする。肥料は株の様子を見て必要なら施し、土寄せは必ず行う。

4 収穫

●5月下旬～6月

葉が黄色く色づいてきたら収穫する。

株元をしっかりと持って引き抜く。引き抜いたら、土の中にイモが残っていないか探す。

1つの株から5～20個のイモができる。収穫は雨の日は避ける。

Point!

イモは日光に当てない

イモが日光に当たると緑化(りょっか)してソラニンという有毒物質が含まれる。緑化を防ぐためには、しっかりと土寄せをして、イモが土から出ないようにする。

支柱に誘引(ゆういん)すれば省スペースで栽培可能

スイカ 実

【ウリ科】

DATA
- 輪作(りんさく)：5年
- 成育適温：25～30℃
- 株間(かぶま)：100㎝

土づくり・畝(うね)づくり

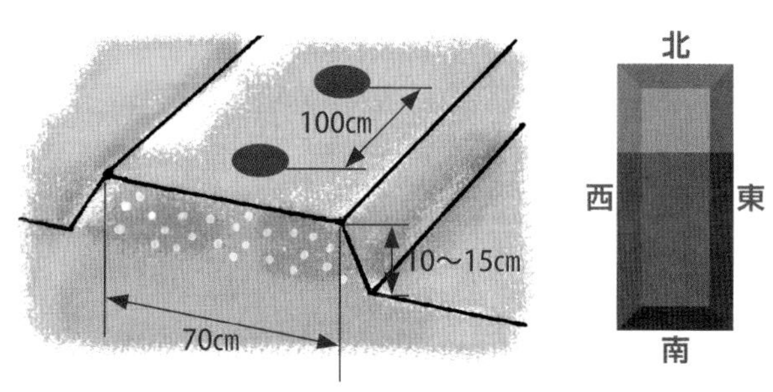

土づくり：植えつけ2週間前に苦土石灰(くどせっかい)200g/㎡、植えつけ1週間前に堆肥(たいひ)3kg/㎡と化成肥料200g/㎡

ポイント

- 通常、畝の外につるを伸ばすスペースを確保するが、支柱を立てれば狭い場所でも育てることができる。
- 人工授粉をして確実に受粉させる。
- 摘芯(てきしん)をして子づるを伸ばして実をつけさせる。
- 子づるは3～4本伸ばし、不要な子づるは摘み取る。
- 1株で1～2個の実を育て、ほかの実は摘み取る。

カレンダー

1	2	3	4	5	6	7	8	9	10	11	12
			種まき								
				間引き							
					植えつけ・摘芯						
					支柱立て						
							誘引				
						人工授粉					
							敷わら・鳥獣害対策・追肥				
						摘果					
								収穫			

1 種まき

●3月下旬～4月中旬

ポットに培養土(ばいようど)を入れ、指先で3カ所窪みをつける。それぞれの窪みに1粒ずつ種をまく。

土をかぶせて、表面を軽く押さえ、種と土が密着するようにたっぷりと水やりをする。発芽まで25～30℃で管理する。

2 間引き

●4月上旬～5月上旬

本葉(ほんよう)が2～3枚出てきたら間引きをする。

成育の悪いものを選んで、つけ根からハサミで切って1株にする。

3 植えつけ

●4月下旬～5月

本葉が4～5枚になったら、マルチを張った畝に株間100cmに植え穴を掘る。根鉢(ねばち)を崩さないように苗を取り出す。

植え穴に苗を入れ、根鉢の上部と土の表面が同じ高さになるように調整する。

植えつけ後、根鉢と土が密着するように軽く押さえ、たっぷりと水やりをする。

4 摘芯

●4月下旬～5月

植えつけ後か、本葉が5～7枚ほどになったら摘芯して子づるを伸ばす。

本葉5枚を残して先端をハサミで切り取る。葉のつけ根から子づるが伸びてきたら3～4本を残してほかを摘み取る。

5 支柱立て

●5月中旬～6月中旬

支柱が上部で交差するように斜めに立て、交差した部分をひもで縛る。

交差した部分に横に支柱を渡して、ひもでしっかりと固定する。

側面に斜めに支柱を立ててひもで縛る。支柱を囲むように、横に等間隔でひもを張る。

6 誘引(ゆういん)

●5月中旬～7月

支柱を立てたら、つるを支柱やひもに誘引する。まず、支柱にゆとりを持たせた8の字にひもで結び、ひもにつるを絡ませる。

つるが伸びるたびに同様の作業を繰り返し、つるで支柱を囲むように誘引していく。

7 人工授粉

●6月

花の下部にふくらみがある雌花がついたら、人工授粉をする。

花の下部がふくらんでいない雄花を摘み取って、雄しべの花粉を雌しべに均一にこすりつける。

収穫の目安とするために、人工授粉をした日を記入したラベルを取りつけておく。

8 敷わら

●6月下旬～7月

実がついたつるをひもや支柱から外して、実が地面につくように調整する。

実の下にわらを敷きその上に実を乗せる。実が持ち上がらないようにつるを誘引し直す。わらがない場合は食品トレーで代用できる。

9 鳥獣害対策

●6月下旬～7月

実が鳥などに食べられないように支柱下部に寒冷紗やネットを巻きつけて地面にピンで止める。上部にはテグスを張っておく。

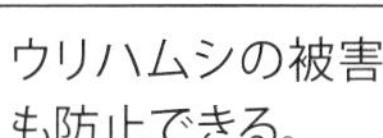

11 摘果

●6月下旬～7月中旬

1株に3個以上の実がついたら、人工授粉したもの2個を残して、ほかをすべてハサミで切り取る。摘果をして数を限定することで、味がよい大きな実になる。

10 追肥

●6月下旬～7月

1 実がついた頃、株の様子を見ながら1カ月に1～2回追肥をする。畝の脇に溝を掘り、マルチのすそをあける。

2 1㎡当たりひと握り（20～30g）の化成肥料を溝に施す。マルチを再び固定して溝を埋める。

12 収穫

●7月中旬～8月

Point!

日数とつけ根の葉で判断

人工授粉した日から大玉では45～50日、小玉では35～40日を目安に収穫する。実のついた節の葉が枯れることも収穫の目安になる。

ヘタをハサミで切って収穫する。収穫が遅れると果肉の内部が崩れるので注意する。

早めの収穫で株を疲れさせない

ズッキーニ 実

【ウリ科】

DATA
- 輪作：1～2年
- 成育適温：20～28℃
- 株間：60cm

土づくり・畝づくり

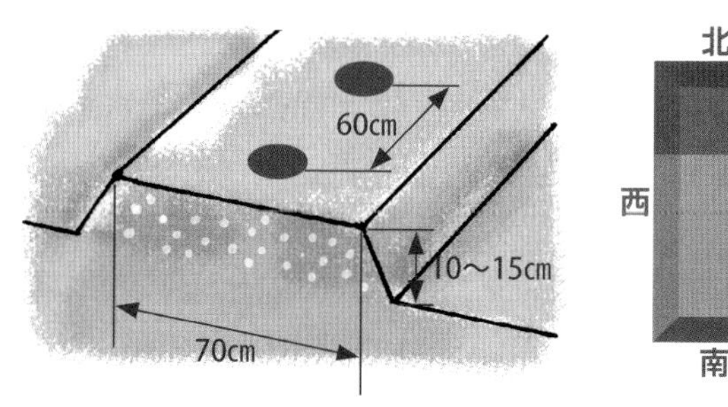

土づくり：植えつけ2週間前に苦土石灰100g/㎡、植えつけ1週間前に堆肥2kg/㎡と化成肥料200g/㎡

ポイント

- うどんこ病にかかりやすいので、株元の古い葉は適宜摘み取って風通しをよくする。
- 支柱を立てる場合は実や株の重みで折れないように、こまめに誘引する。
- 実のとり遅れは株に負担がかかるので、早めに収穫する。
- 花ズッキーニはつぼみの状態で収穫する。

カレンダー

1	2	3	4	5	6	7	8	9	10	11	12
				種まき							
				間引き							
					植えつけ						
						追肥					
						支柱立て・誘引					
							収穫				

1 種まき

●3月下旬～4月下旬

ポットに培養土を入れ、指先で3カ所窪みをつける。それぞれの窪みに1粒ずつ種をまく。

土をかぶせて、表面を軽く押さえ、種と土が密着するようにたっぷりと水やりをする。発芽まで26～28℃で管理する。

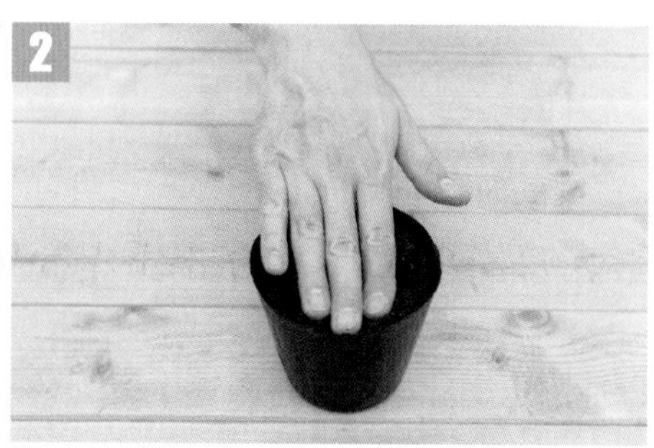

2 間引き

●4月上旬～5月上旬

本葉が2～3枚出てきたら間引きをする。

成育・葉の色が悪いものを選んで、つけ根からハサミで切って1株にする。

3 植えつけ

●4月下旬〜5月

本葉が5〜8枚出てきたら、株間60cmに植え穴を掘る。根鉢を崩さないように取り出し、植え穴に入れる。

植えつけ後、根鉢の上部に薄く土をかぶせて軽く押さえ、土が密着するようにたっぷりと水やりをする。

大きくなるまで寒冷紗などでトンネルがけしておくと、害虫対策になる。

4 追肥

●5月上旬〜7月上旬

植えつけから2週間ほどしたら株の様子を見ながら、1カ月に1〜2回追肥をする。葉の広がりに合わせて1㎡当たりひと握り（20〜30g）の化成肥料を施す。

表面の土をほぐすように肥料と軽く混ぜ、株元に土を寄せる。

5 支柱立て・誘引

●5月中旬〜7月上旬

株が伸びてきたら垂直に支柱を立てて、ゆるめの8の字にひもを絡めて支柱側で結ぶ。

先端が伸びるたびに誘引して、下葉が混み合っているようなら摘み取って風通しをよくする。

6 収穫

●6月中旬〜7月

開花から1週間ほどで長さ20cm前後になったら、ヘタをハサミで切って収穫する。

Point

実のとり遅れに注意

ズッキーニは、すぐに大きくなってしまうため、とり遅れないように早めの収穫を心がける。実を大きくしすぎると株に負担がかかり、実が割れてしまうことがある。

2条に植えてしっかりと受粉させる

トウモロコシ 実

【イネ科】

DATA
- 輪作：1年
- 成育適温：25～30℃
- 株間：30cm
- 条間：45cm

土づくり・畝づくり

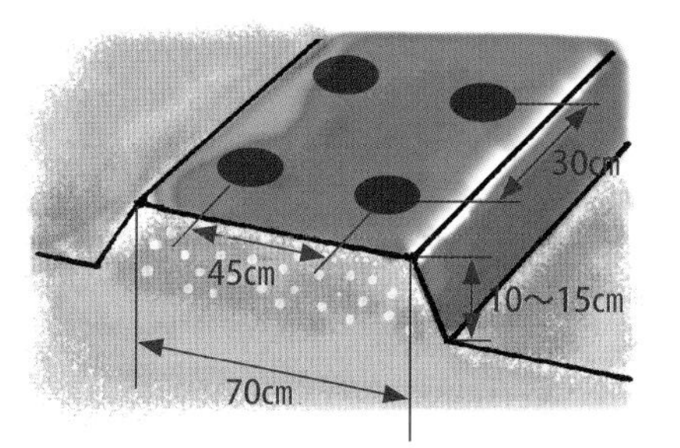

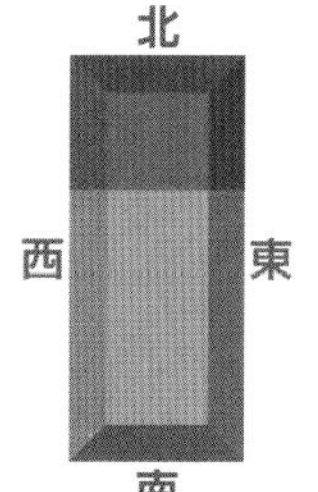

土づくり：種まき2週間前に苦土石灰200g/㎡、種まき1週間前に堆肥3kg/㎡と化成肥料200g/㎡

ポイント

- 根が浅く張るため、株元に土を寄せて不定根を出させ、株を安定させる。
- 雄穂と雌穂の咲く時期のずれの解消と、しっかりと受粉させるために2条で育てる。
- 交雑しやすいので、近くに別の品種を植えないようにする。
- 収穫後からどんどん鮮度が落ちてくるので、収穫したらすぐに食べる。

カレンダー

1	2	3	4	5	6	7	8	9	10	11	12
				種まき							
					間引き①						
					間引き②						
					追肥①・土寄せ①						
						追肥②・土寄せ②					
						人工授粉					
						雌穂の整理					
							収穫				

1 種まき ●4月～5月上旬

株間30cm、条間45cmに指で3カ所窪みをつけて種をまく。土をかぶせてたっぷりと水やりをする。

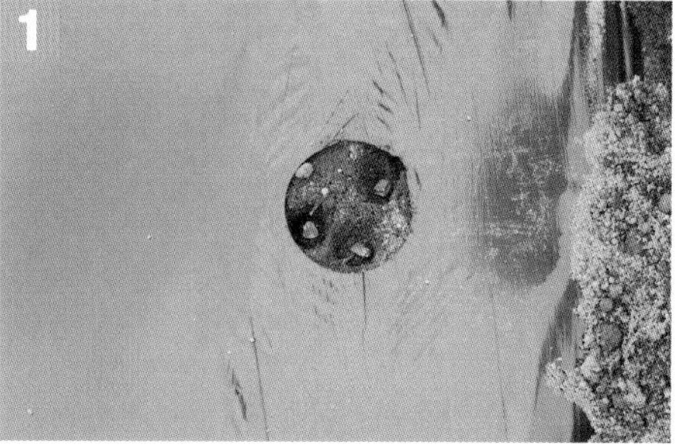

種まき後、鳥に食べられることがあるので、トンネルをかけるかペットボトルなどをかぶせて種を守る。

2 間引き① ●4月下旬～5月

本葉が2～3枚出てきたら、1回目の間引きをする。

成育の悪いものをひとつ選び、つけ根からハサミで切り取り、2株にする。

3 間引き②

●5月〜6月上旬

本葉が4〜6枚出てきたら、生育の悪いものを選んでハサミで切り、1本にする。

間引き後、マルチの上から株元に土を寄せて株が倒れないようにする。

4 追肥（ついひ）①

●5月中旬〜6月中旬

2回目の間引きから2週間ほどしたら追肥をする。畝の脇に溝を掘る。

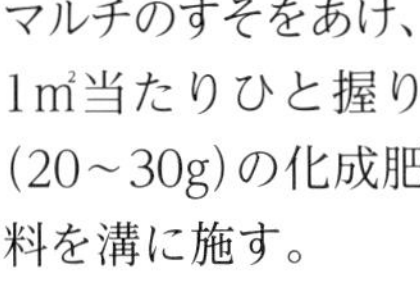

トウモロコシは肥料を多く必要とするので、株が大きくならないうちに追肥する。

マルチのすそをあけ、1㎡当たりひと握り(20〜30g)の化成肥料を溝に施す。

土と肥料を軽く混ぜ、マルチの上に土をかぶせる。このとき土がマルチにかかるようにする。

5 土寄せ①

●5月中旬〜6月中旬

マルチにかかった土や溝を掘ったときの土を、マルチの上から土寄せをする。

マルチが見えなくなるくらい、しっかりと土寄せをして株を安定させる。反対側も同様に行う。

トウモロコシは倒れやすいので、土寄せはこまめに行おう。

Point!

不定根

トウモロコシの根は浅く広がるため、株が倒れやすくなる。このため、しっかりと土寄せをすることで、茎から発生する根「不定根」が出て株が安定する。

6 追肥(ついひ)②

●6月～7月上旬

1 雌穂(しすい)が咲きはじめたら追肥をする。植え穴をつなぐようにカッターなどでマルチを切ってはがす。

2 マルチのすそがあった部分をさらに掘り、肥料を入れる溝を掘る。

3 1㎡当たりひと握り(20～30g)の肥料を溝にまく。

7 土寄せ②

●6月～7月上旬

1 追肥後、掘り上げた土を溝に戻しながら、株元(かぶもと)に土を寄せる。

2 土を寄せた部分をさらに手で盛り上げながら軽く押さえる。

8 人工授粉

●6月～7月上旬

1 株が少ない場合は確実に受粉させるために人工授粉をする。雌穂が少し開いたら雄穂(ゆうすい)の下を軽く叩いて受粉させる。

2 または、花粉が飛びはじめた雄穂を摘み取り、雌穂に直接こすりつけて受粉させる。

9 雌穂(しすい)の整理 ●6月〜7月上旬

雌穂が複数ついたら、大きなものを残してほかを摘み取る。茎をしっかりと持ち、穂を下に折り取る。摘んだものはヤングコーンとして利用できる。株を傷めないようにする。

Point! アワノメイガ対策

トウモロコシの葉に細かなゴミがついていたらアワノメイガが中に入り込んでいる可能性がある(写真上)。アワノメイガは先端の雄穂に引き寄せられるので、受粉後はすぐに摘み取るかネットで覆うなどして侵入を防ぐ。写真下は被害にあった実。

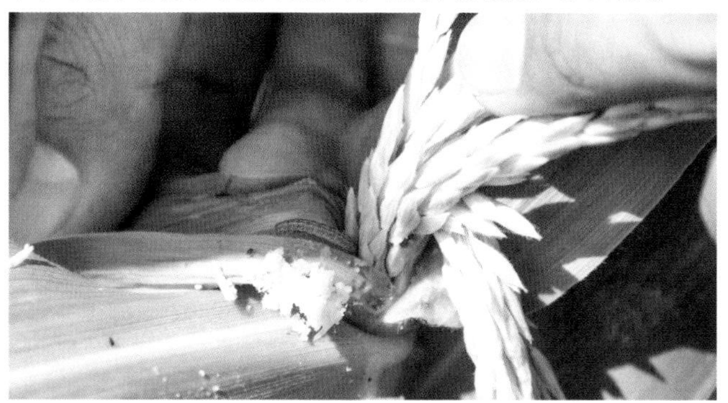

10 収穫 ●6月下旬〜7月

1 ひげが黒かっ色になったら先端を握ってみて、実がしっかりとついているか確認する。

2 しっかりと実を持ち、茎から折り取って収穫する。収穫後は鮮度がすぐに落ちるため早めに食べる。

Point! 鳥獣害対策

実が充実する前に鳥害・獣害対策として、畝の四隅に支柱を立てて寒冷紗やネットなどで覆う(写真上)。上部はテグスなどを張る。都市部でもハクビシンなどが見られるようになり、獣害の被害が出やすくなっているので注意(写真下)。

家庭菜園では完熟させてから収穫

トマト 実

【ナス科】

DATA
- 輪作（りんさく）：4～5年
- 成育適温：25～30℃
- 株間（かぶま）：40cm
- 条間（じょうかん）：50cm

土づくり・畝（うね）づくり

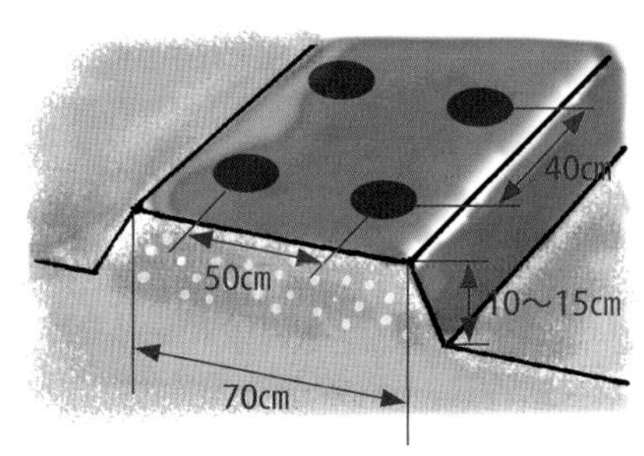

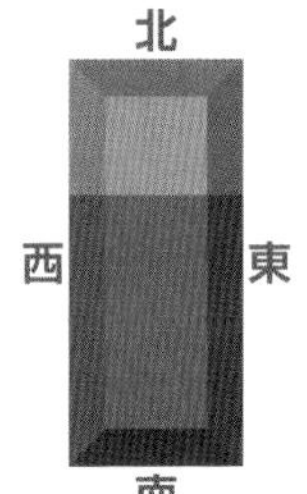

土づくり：植えつけ2週間前に苦土石灰（くどせっかい）200g/㎡、植えつけ1週間前に堆肥（たいひ）3kg/㎡と化成肥料300g/㎡

ポイント

- わき芽が伸びると株が疲れてしまうので、わき芽が伸びるたびに、芽かきをして株の成長を助ける。
- 芽かき・摘芯（てきしん）は傷口が乾きやすいように晴れた日の午前中に行う。病気の原因になるため、ハサミは使わずに手で摘み取る。
- 成育初期など実つきが悪い時期は人工授粉で受粉させる。
- 大玉トマトでは摘果をして実の数を調整する。

カレンダー

1	2	3	4	5	6	7	8	9	10	11	12
	種まき										
		間引き									
			植えつけ・支柱立て								
			誘引								
				芽かき							
				人工授粉							
				追肥・摘果							
					収穫						
						摘芯					

1 種まき

●2月下旬～3月上旬

ポットに培養土（ばいようど）を入れ、指先で3カ所窪みをつける。それぞれの窪みに1粒ずつ種をまく。

1

土をかぶせて、表面を軽く押さえ、種と土が密着するようにたっぷりと水やりをする。発芽まで25℃前後で管理する。

2

2 間引き

●3月上旬～下旬

本葉（ほんよう）が2～3枚出てきたら間引きをする。成育の悪いものを選び、つけ根からハサミで切る。

1

ほかの株も同様に間引いて、1ポットに1株にする。その後、植えつけまで適温で管理する。

2

3 植えつけ

●4月中旬〜5月中旬

本葉が4〜6枚になったら、株間40cm、条間50cmに植え穴を掘る。根鉢(ねばち)を崩さないようにポットから苗を取り出す。

植え穴に苗を植えつけ、根鉢の上部に土をかぶせて軽く押さえる。

植えつけ後、根鉢と土が密着するようにたっぷりと水やりをする。

4 支柱立て

●4月中旬〜5月中旬

植えつけ後、支柱が上部で交差するように斜めに立て、交差した部分をひもで縛る。

交差した部分に横に支柱を渡してしっかりと固定する。

強度を高めるために側面に斜めに支柱を立てて、しっかりとひもで縛る。

5 誘引(ゆういん)

●4月中旬〜8月上旬

支柱を立てたら、つるを支柱に誘引する。ゆとりを持たせた8の字にひもを通し、支柱側で結ぶ。

つるが伸びるたびに、同じように誘引していく。

6 芽かき ●5月～8月上旬

1

茎の葉のつけ根からわき芽が伸びてきたら、株の成長をよくするために芽かきをする。

2

傷口が乾きやすいように晴れた日の午前中を選び、すべてのわき芽を手でつまんで折り取る。わき芽は伸びてくるたびに摘み取る。

Point

わき芽は再び出ることがある

わき芽を摘み取った場所でも、新たに芽が出てくることがあるので、芽かきは一度行った場所も確認する。

7 人工授粉 ●5月

成育初期など実つきが悪いときは、人工授粉を行う。支柱を軽く叩いて振動させて受粉させる。

8 追肥 ●5月下旬～8月上旬

1

実がつきはじめた頃から、1カ月に1～2回追肥をする。畝の両脇に溝を掘る。

2

溝に1㎡当たりひと握り（20～30g）の化成肥料を施し、土をかぶせて溝を埋める。

9 摘果（てきか）

●5月下旬〜8月上旬

1 大玉トマトでは、実を充実させるために、摘果をして実の数を調整する。

2 ひと房に3〜4個の実が残るように、小さな実や傷のある実などをすべて摘み取る。また、花も同様に摘み取る。

10 収穫

●6月中旬〜9月中旬

1 実が完熟して、ヘタの周囲まで赤くなったものから順番に収穫する。

2 実のお尻を持ち上げてヘタの部分から折るようにして摘み取る。

Point!

カルシウム不足

カルシウム分が不足すると実のお尻が黒く変色してくる。乾燥に気をつけて水やりをする。

11 摘芯（てきしん）

●7月中旬〜8月中旬

1 高さが支柱よりも大きく成長して、作業しにくいようなら、つるの先端を摘芯して成長を止める。

2 傷口が乾きやすい晴れた日の午前中を選び、つるの先を手で持って折るように摘み取る。

肥料を切らさないようにする

ナス 実

【ナス科】

DATA
- 輪作：4～5年
- 成育適温：22～30℃
- 株間：60cm

土づくり・畝づくり

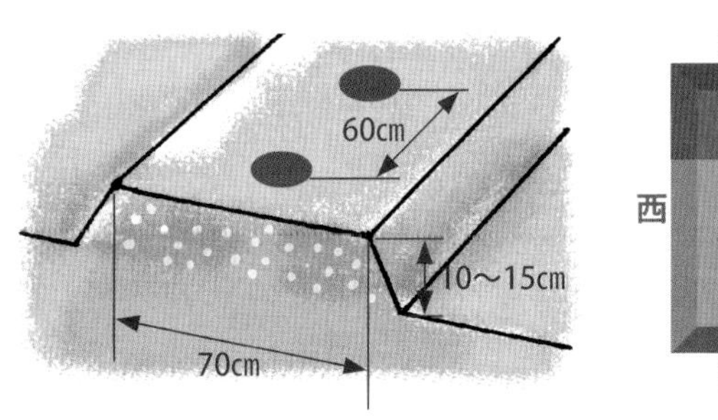

土づくり：植えつけ2週間前に苦土石灰200g/㎡、
植えつけ1週間前に堆肥2kg/㎡と
化成肥料200g/㎡

ポイント

- 高温を好むため、遅霜の心配のない暖かな季節に植える。
- 枝3本を伸ばして3本仕立てにする。大きく育つので、畝の両端に垂直に3本立てて誘引する。
- ナスは「肥料食い」といわれるほど、肥料を必要とするので、株の様子を見ながら追肥を欠かさない。
- 収穫が遅れると照りのない「ボケナス」になる。

カレンダー

1	2	3	4	5	6	7	8	9	10	11	12
		種まき									
			間引き								
					植えつけ・仮支柱立て						
					芽かき・一番果収穫						
					支柱立て						
										追肥	
										収穫	
							更新せん定				

1 種まき

●2月下旬～3月上旬

ポットに培養土を入れ、指先で3カ所窪みをつける。それぞれの窪みに1粒ずつ種をまく。

1

土をかぶせて、表面を軽く押さえ、種と土が密着するようにたっぷりと水やりをする。発芽まで20～30℃で管理する。

2

2 間引き

●3月上旬～下旬

本葉が2～3枚出てきたら間引きをする。成育の悪いものを選び、つけ根からハサミで切る。

1

ほかの株も間引き、1ポットに1株にする。その後、本葉6～8枚になるまで、適温で管理する。

2

3 植えつけ

●4月中旬〜5月下旬

本葉が6～8枚になったら、株間60cmに植え穴を掘る。根鉢(ねばち)を崩さないようにポットから苗を取り出す。

植え穴に苗を植えつけ、根鉢の上部に土をかぶせて軽く押さえる。

植えつけ後、根鉢と土が密着するようにたっぷりと水やりをする。

4 仮支柱立て

●4月中旬〜5月下旬

植えつけ後、株から10cm前後離れた場所にまっすぐに支柱を立て、ゆとりを持たせた8の字にひもを通し、支柱側で結ぶ。

5 芽かき

●5月上旬〜6月中旬

一番花が咲く頃、一番花のすぐ下にあるわき芽を残し、その下のわき芽をすべて手で摘み取る。

芽かきは傷口が乾きやすいように晴れた日の午前中に行う。

6 一番果収穫

●5月上旬～6月中旬

一番花が実になり「一番果」となったら、実が小さなうちにハサミで切って収穫する。

この時期は株を大きくさせるために、一番果は早めに収穫して株の負担を減らし、次の支柱立てで誘引（ゆういん）する3本の枝（写真）の成長を促す。

7 支柱立て

●5月上旬～6月中旬

畝の端に2本支柱を立て、反対側に1本の支柱を立てる。仮支柱はひもを切って引き抜く。

伸ばしていた3本の枝をゆるめの8の字に通してそれぞれ支柱側で結ぶ。

8 追肥（ついひ）

●5月中旬～10月中旬

花が咲きはじめたら、1カ月に1～2回追肥をする。畝の両脇に溝を掘る。

溝に1㎡当たりひと握り（20～30g）の化成肥料を施し、土をかぶせて元に戻す。

Point

肥料不足のサイン

落花が多い、花の形が悪い、雄しべに対して雌しべが短い（短花柱花：写真）などは、肥料不足が考えられる。

雄しべの中に
雌しべが隠れてしまっている。

9 収穫

●6月～10月

実がつきはじめたら、中長ナスでは12㎝くらいでヘタを切って収穫する。あまり大きくしすぎると株が疲れてしまうので、早めの収穫を心がける。

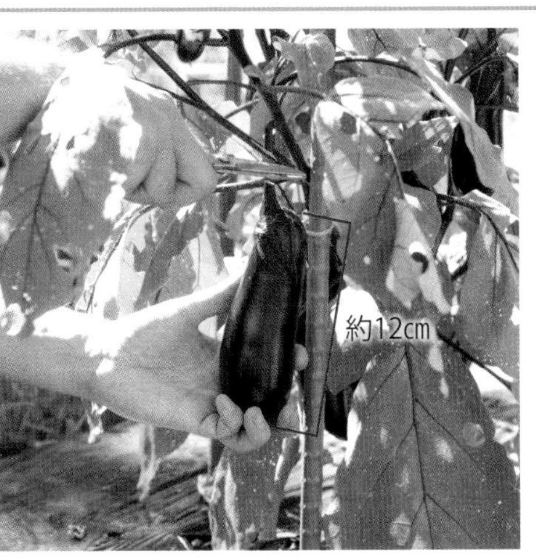

Point

収穫の遅れに注意

収穫が遅れると全体につやのない「ボケナス」となる。ボケナスは、中に種ができて味が悪くなる。

10 更新せん定

●7月下旬～8月上旬

夏の気温が高くなる時期には、秋ナスを収穫する株をつくるために更新せん定をする。誘引した3本の枝を全体の1/2程度の高さに切る。

すべての実と花を摘み取る。3本の枝から伸びていた枝は葉を1～2枚つけて葉のつけ根から切り取る。

枝を切ったら、株元から30㎝離れた場所2カ所にクワの柄でマルチに穴をあけ、1株当たり20g程度の化成肥料を施す。

更新せん定から2週間前後で葉が茂りはじめ、早ければ8月下旬頃から秋ナスが収穫できる。

気温が高くなると実がつく

ニガウリ 実

【ウリ科】

DATA
- 輪作(りんさく)：2～3年
- 成育適温：20～30℃
- 株間(かぶま)：50cm
- 条間(じょうかん)：45cm

土づくり・畝(うね)づくり

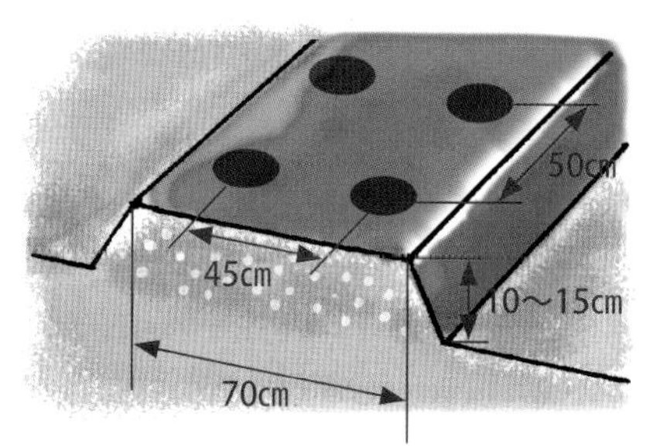

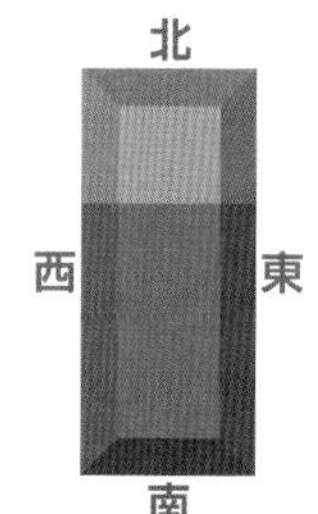

土づくり：植えつけ2週間前に苦土石灰(くどせっかい)200g/㎡、
植えつけ1週間前に堆肥(たいひ)2kg/㎡と
化成肥料200g/㎡

ポイント

- 高温を好むので暖かくなってから植えつける。
- 7月頃、気温が高くならないと雌花がつかない。
- つるがよく伸びるため、誘引(ゆういん)後に放任しておけば、つるが絡んで支柱全体に広がる。
- 実の表面につやが出て、イボが大きくなったものから収穫する。

カレンダー

1	2	3	4	5	6	7	8	9	10	11	12
				種まき							
				間引き							
					植えつけ						
					支柱立て・誘引						
								追肥			
									収穫		

1 種まき ●4月

ポットに培養土(ばいようど)を入れ、指先で3カ所窪みをつける。それぞれの窪みに1粒ずつ種をまく。

1

土をかぶせて、表面を軽く押さえ、種と土が密着するようにたっぷりと水やりをする。発芽まで25～30℃で管理する。

2

2 間引き ●4月中旬～5月中旬

本葉(ほんよう)が3～4枚出てきたら間引きをする。

1

成育の悪いものを選び、つけ根からハサミで切って1株にする。

2

3 植えつけ

●5月〜6月上旬

本葉が4〜6枚になったら、株間50㎝、条間45㎝に植え穴を掘って植える。

植えつけ後、根鉢（ねばち）と土が密着するようにたっぷりと水やりをする。

4 支柱立て・誘引

●5月〜6月下旬

支柱が上部で交差するように斜めに立て、交差した部分をひもで縛る。交差した部分に横に支柱を渡してしっかりと固定する。

つるが絡みやすいように支柱の間に等間隔でひもを張る。

Point!

キュウリネットを利用しても!

支柱を立てキュウリネットをかぶせておくと、自然にニガウリのつるが絡む。

5 追肥（ついひ）

●5月中旬〜9月中旬

株の様子を見ながら、1カ月に1〜2回追肥をする。畝の脇に溝を掘ってマルチのすそをあける。

1㎡当たりひと握り（20〜30g）の化成肥料を溝に施し、マルチを元に戻す。

Point!

摘芯で収穫量アップ!

つるが支柱の上についたら摘芯する。その後、子づる、孫づるがよく伸びる。

6 収穫

●7月〜9月

実の表面のイボが大きくなってつやが出てきたら、未熟な緑色のうちに収穫する。実が緑色なので、とり忘れないように注意する。

Point!

種の赤い部分は食べられる

ニガウリが完熟すると鮮やかなオレンジ色になって中から種が出てくる。種のまわりの赤い部分は甘みがあって食べられる。

土寄せがネギを長くする

ネギ 葉

【ユリ科】

DATA
- **輪作**：1～2年
- **成育適温**：15～20℃
- **株間**：5cm
- **条間**：15cm

土づくり・畝づくり

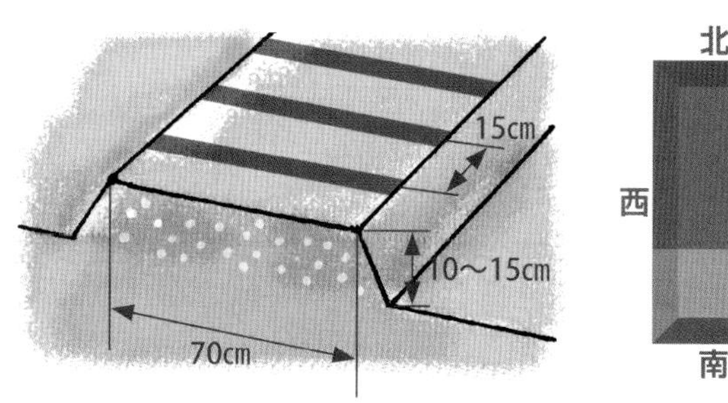

土づくり：種まき2週間前に苦土石灰200g/㎡、種まき1週間前に堆肥1kg/㎡と化成肥料50g/㎡

ポイント

- 苗は鉛筆よりもやや細いものが最適。
- 畝はつくらず、溝を掘って植える。土寄せをすることで畝がどんどん高くなる。
- 土寄せをして長くて白いネギをつくる。
- 土寄せは葉の分かれ目まで埋めないようにする。
- 収穫は側面を掘ってから引き抜く。

カレンダー

1	2	3	4	5	6	7	8	9	10	11	12
				種まき							
							苗掘り上げ・植えつけ				
								追肥・土寄せ①			
									追肥・土寄せ②		
						追肥・土寄せ③					
		収穫									

1 種まき ●3月下旬～4月下旬

苗をつくるために条間15cm、深さ1cm程度に溝をつける。

溝に種を1cm間隔でまき、土をかぶせて水やりをする。

発芽までは土を乾燥させないようにしよう。

2 苗掘り上げ ●7月

植えつけ直前に苗を掘り上げる。株元を押さえて、できるだけ根を切らないように掘り上げる。

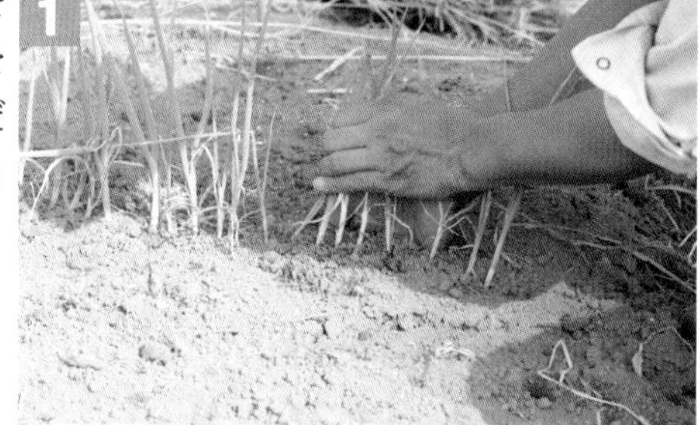

鉛筆よりもやや細いくらいのものを選んで苗とする。

3 植えつけ ●7月

畝はつくらず、植えつけ場所に深さ30cmの溝を掘って熔(よう)リンを50gまき、10cmほど土をかぶせる。土は片側だけに掘り上げる。

1 片側に土を掘り上げる

2 土を掘り上げた側に株間5cmで苗を立てかけ、根の部分に薄く土をかぶせて軽く押さえる。植えつけ後は溝にわらや腐葉(ふよう)土(ど)などを敷き、通気性をよくしておく。

4 追肥(ついひ)・土寄せ① ●7月下旬～8月

1カ月に1回、追肥と土寄せを行う。1㎡当たりひと握り（20～30g）の化成肥料を、わらを敷いた溝に施す。

1

2 溝を埋め戻しながら株元に土を寄せる。このとき葉の分かれ目まで埋めないように注意する。

5 追肥・土寄せ②③ ●8月下旬～9月、9月下旬～10月

1㎡当たりひと握り（20～30g）の化成肥料を株の両側にまき、株元に土を寄せる。3回目も同様に行う。

Point!

しっかりと土寄せをする

土寄せをしっかり行わないと長いネギはできない。葉の分かれ目よりやや下までしっかりと土寄せをする。

6 収穫 ●10月中旬～2月

土寄せした部分の側面をクワなどで削り、収穫しやすくする。

1

2 株元を持ち、折れないように引き抜く。畑に植えたまま2月まで保存できるが、暖かくなると、とうが立って味が落ちる。

葉を摘芯してわき芽を増やす

モロヘイヤ 葉

【シナノキ科】

DATA
- 輪作：1～2年
- 成育適温：25～30℃
- 株間：50㎝
- 条間：45㎝

土づくり・畝づくり

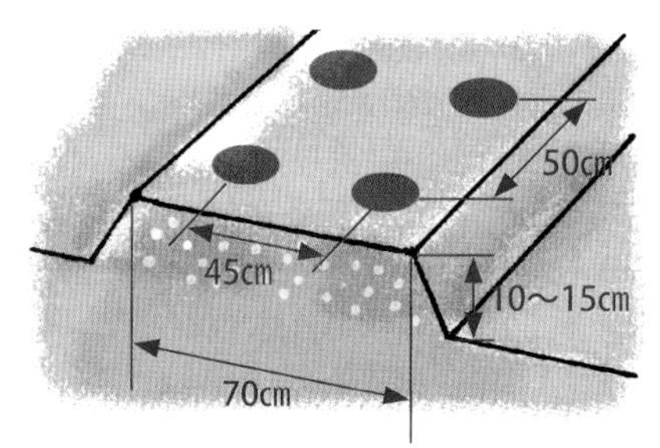

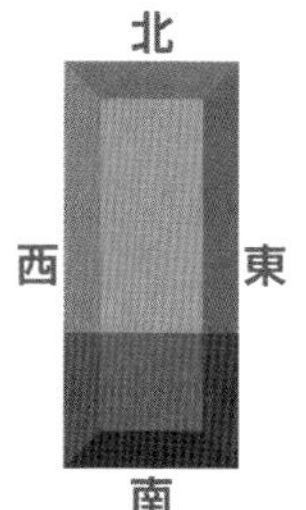

土づくり：植えつけ2週間前に苦土石灰200g/㎡、植えつけ1週間前に堆肥2kg/㎡と化成肥料200g/㎡

ポイント

- 丈夫で育てやすい。
- 高温を好むので十分暖かくなってから植えつける。
- 株が成長したら先端を摘芯してわき芽を増やす。わき芽が伸びたら同じように先端を摘み、葉を増やす。
- 伸びた茎葉は、高さを一定に保つように先端を摘む。
- 種は有毒なので、花がつきはじめたら収穫をやめる。

カレンダー

1	2	3	4	5	6	7	8	9	10	11	12
					種まき						
					間引き						
						植えつけ					
								追肥			
										収穫	

1 種まき

●4月～5月下旬

ポットに培養土を入れ、指先で3カ所窪みをつける。それぞれの窪みに1粒ずつ種をまく。

土をかぶせて、表面を軽く押さえ、種と土が密着するようにたっぷりと水やりをする。発芽まで20～25℃で管理する。

2 間引き

●4月中旬～6月上旬

本葉が5～6枚出てきたら間引きをする。

成育の悪いものを選び、つけ根からハサミで切って1～2株にする。

3 植えつけ

●5月～6月

1 本葉が8枚以上出るまで育てたら植えつける。

2 株間50cm、条間45cmに植え穴を掘って植える。

3 植えつけ後、根鉢と土が密着するようにたっぷりと水やりをする。

4 追肥（ついひ）

●5月下旬～9月中旬

1 株の様子を見ながら、1カ月に1～2回追肥をする。畝の脇に溝を掘って、1㎡当たりひと握り(20～30g)の化成肥料を溝に施す。

2 追肥後は、溝に土をかぶせて元に戻す。

5 収穫

●6月～10月

1 株が高さ50cmほどになったら、先端を20cmほど摘み取って収穫する。

2 その後、わき芽が伸びるたびに、先端の手で摘み取れるくらいやわらかい部分を収穫し、株の大きさを一定に保つ。

Point!

種は有毒

サヤの中にある種は有毒なので、やわらかい茎葉のみ利用する。念のため、花が咲きはじめたら収穫をやめる。

土をほぐして実がつきやすいようにする

ラッカセイ 実

【マメ科】

DATA
- 輪作：2〜3年
- 成育適温：25〜27℃
- 株間：30cm
- 条間：30cm

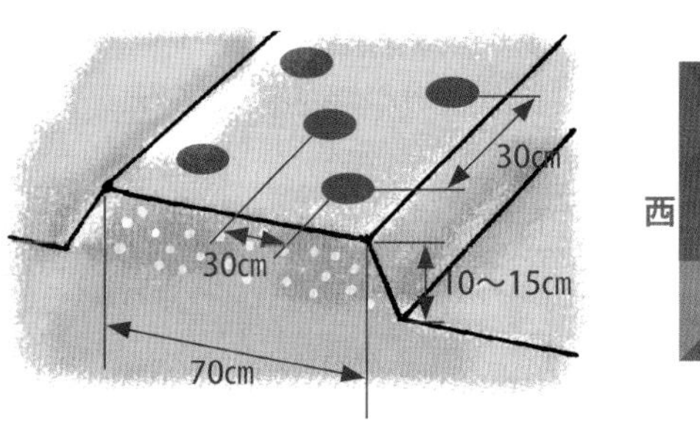

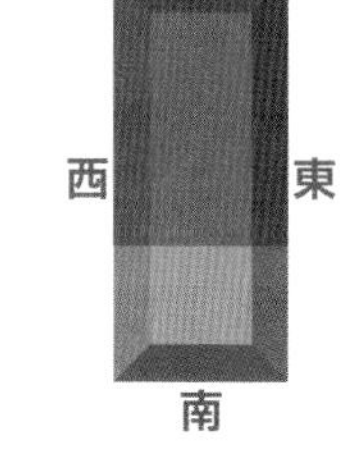

土づくり：種まき2週間前に苦土石灰200g/㎡、
種まき1週間前に堆肥2kg/㎡と
化成肥料100g/㎡

ポイント

- 追肥と同時に、地面をよくほぐして子房柄が潜りやすいようにする。
- 種まき後はペットボトルを半分に切ったものや寒冷紗のトンネルなどをかぶせて鳥害対策をする。
- 収穫後は逆さまにして積み上げ、2週間ほど乾燥させる。

カレンダー

1	2	3	4	5	6	7	8	9	10	11	12
				■	種まき						
					■	■ 追肥					
						収穫・収穫後			■		

1 種まき

●5月〜6月中旬

株間30cm、条間30cmに軽く窪みをつけ、1カ所に1粒ずつ種をまいていく。

種をさやから取り出すときは、さやのとがったほうをつまむと、かんたんに割れる。

種まき後は土をかぶせて軽く押さえ、種と土が密着するようにたっぷりと水やりをする。

Point!

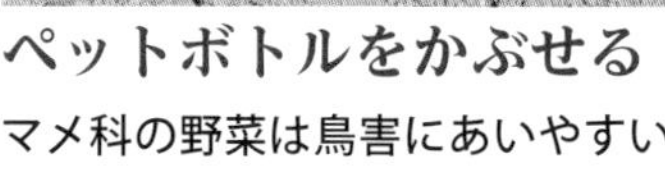

マメ科の野菜は鳥害にあいやすいため、寒冷紗のトンネルなどで防ぐ。しかし、株数が少ない場合は、ペットボトルを半分に切ったものをかぶせておくとよい。ペットボトルのフタは取る。下半分を利用するときは底を抜いてかぶせる。

2 追肥

●6月上旬〜8月中旬

花が咲く頃に追肥をする。1㎡当たりひと握り（20〜30g）の化成肥料を株数に応じて分け、葉の広がりに合わせてまく。

追肥後、子房柄（しぼうへい）が土に潜りやすいように畝全体の土をほぐしながら肥料と軽く混ぜる。

Point

マメが潜りやすいようにする

花が咲き終わると、受粉した花から子房柄と呼ばれる茎のようなものが出て土に潜り、実をつける。

3 収穫

●9月下旬〜10月

葉の色がうっすら色づくか、傷みはじめた頃に収穫をする。

株元を持って引き抜く。収穫後はマメが落ちていないか土の中をよく探す。

4 収穫後

●9月下旬〜10月

収穫後は株を逆さまにして積み重ねて2週間ほど放置する。このとき鳥害防止にネットなどをかぶせる。

しっかりと乾燥したら実をひと粒ずつ摘み取る。

こまめに収穫して株を疲れさせない

ピーマン 実

【ナス科】

DATA
- 輪作：3～4年
- 成育適温：20～30℃
- 株間：40～50㎝

土づくり・畝づくり

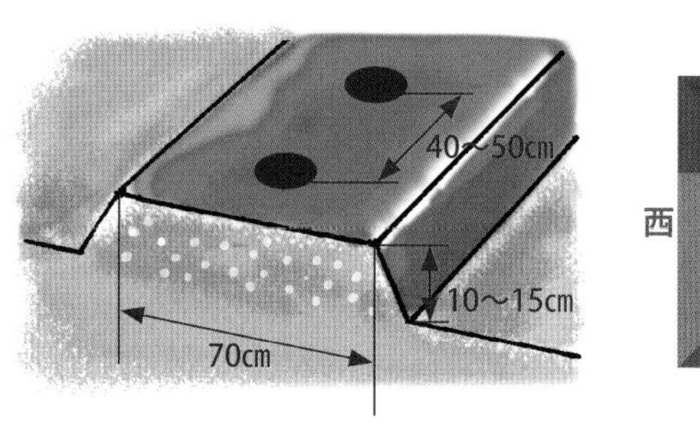

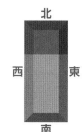

土づくり：植えつけ2週間前に苦土石灰200g/㎡、植えつけ1週間前に堆肥3kg/㎡と化成肥料200g/㎡

ポイント

- 株元から枝分かれする部分までのわき芽は摘み取る。
- 枝分かれしたところにつく一番果は、早めに摘み取って株の成長を助ける。
- はじめに枝分かれした2本と、そこから伸びる1本の枝を使って3本に仕立てる。
- 収穫期間が長いので、早めに収穫して株を疲れさせない。

カレンダー

1	2	3	4	5	6	7	8	9	10	11	12
			種まき								
				間引き							
					植えつけ						
					芽かき						
					一番果収穫・支柱立て						
									追肥		
									収穫		

1 種まき

●3月下旬～4月中旬

1 ポットに培養土を入れ、指先で3カ所窪みをつける。それぞれの窪みに1粒ずつ種をまく。

2 土をかぶせて、表面を軽く押さえ、種と土が密着するようにたっぷりと水やりをする。発芽まで25～30℃で管理する。

2 間引き

●4月上旬～下旬

1 本葉が4～5枚出てきたら間引きをする。

2 成育の悪いものを選んで、つけ根からハサミで切って1株にする。

3 植えつけ

●4月下旬〜5月

本葉が8〜10枚になったら、根鉢を崩さないようにポットから苗を取り出して株間40〜50㎝に植える。

根鉢と土が密着するようにたっぷりと水やりをする。

植えつけ後、仮支柱を立ててゆるめの8の字にひもを通し、支柱側で結ぶ。

4 芽かき

●4月下旬〜6月上旬

株が成長して枝分かれして、花(一番花)が咲いたら、枝分かれした部分から下のわき芽をすべて摘み取る。

わき芽は傷口が乾きやすいように晴れた日の午前中に指で摘み取る。わき芽を摘むことで株の成長がよくなる。

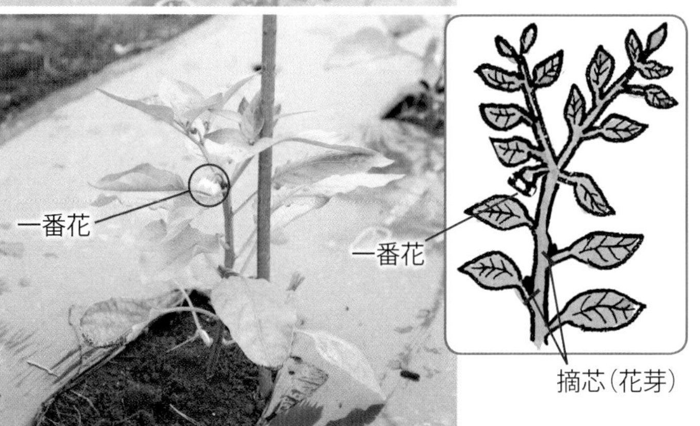

5 一番果収穫(摘果)

●5月上旬〜6月下旬

枝分かれした部分の花が実になったら(一番果)、手で摘み取って株の成長をよくする。

大きくならないうちに、早めに摘み取る。

6 支柱立て

●5月上旬～6月下旬

枝が伸びはじめたら、はじめに枝分かれした枝2本とそこから伸びる1本を選び、それぞれの枝に沿わせて支柱を立てる。

支柱を立てたらそれぞれの枝に、ゆるめの8の字にひもを通して支柱側で結ぶ。その後仮支柱を抜く。

7 追肥（ついひ）

●5月中旬～9月

一番果収穫後から、1カ月に1～2回追肥をする。畝の両脇に溝を掘ってマルチをめくる。溝に1㎡当たりひと握り（20～30g）の化成肥料を施す。

溝に肥料を施したら、マルチを戻して土をかぶせる。

8 収穫

●6月～10月中旬

実がついたら緑色の未熟なうちに、ヘタをハサミで切って収穫する。実が次々とできるので、とり遅れないようにして株を疲れさせない。

Point!

完熟した実は赤くなる

未熟な緑色のピーマンは完熟すると真っ赤になる。通常のものよりも栄養価が高く、苦みや香りも少なくなって食べやすいが、収穫できる実の数は少なくなる。

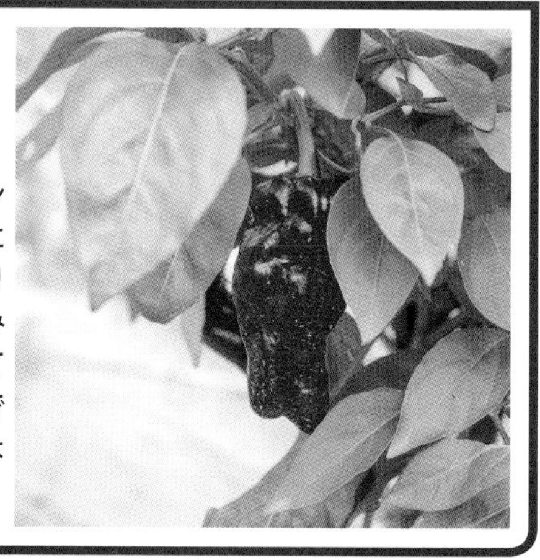

困った! そこが知りたい 春から育てる野菜編

自然が相手の作業なので、予想外のことや困ったことが起こることは多々あります。
多くの人が経験する困ったことをここにピックアップしました。
まずは春から育てる野菜編です。

エダマメ

Q・葉はいっぱい繁っているのに実が少ない!

A・チッソ肥料の与えすぎかもしれません。

エダマメの根には根粒菌(こんりゅうきん)という微生物が共生しており、空気中のチッソを根に与える役割を果たします。なので、肥料はチッソ系を避け、リン酸、カリ主体のものにし、追肥(ついひ)も様子を見ながら与えるようにしましょう。栽培する土が元々チッソ過多の場合は、種をまく前に天地返しをします。

深めに土を掘る。このとき上のほうの土と下のほうの土を分けておく。

上のほうの土を戻してから、下のほうの土を戻す。

オクラ

Q・実に小さな突起ができてしまった!

A・光量不足、低温、肥料不足、土壌の過湿などが考えられます。

イボ果といい、大きさはゴマ粒大〜米粒大まであります。食べても問題はありません。対策をとるのであれば、追肥としてチッソ肥料を施し、株元にしっかり土を寄せるようにします。

株から少し離れたところにチッソ肥料をまき、株元に土を寄せておく。

キュウリ

Q・実が曲がってしまいました!

A・光量不足、肥料不足、水分不足などが考えられます。

キュウリは成育が早いので、肥料不足、水分不足が原因で曲がった実ができることがあります。曲がったキュウリを見つけたら早めに摘み取って、追肥(ついひ)、水やりを行い、ほかに栄養が行くようにします。また実が肥大する途中でつるなどに絡まって曲がることもあります。

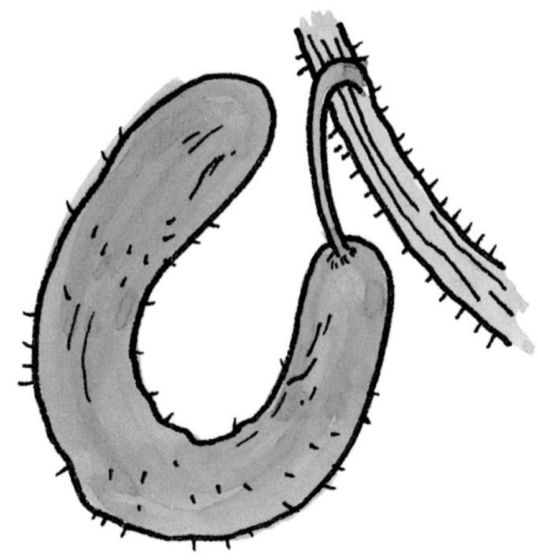

キュウリは曲がってしまっても、味にはあまり差はないといわれている。

Q・人工授粉は必要ないですか?

A・不要です。

キュウリは単為結果(たんいけっか)の性質(受精しないで実が太る性質)があり、雌花に花粉がつかなくても実を太らせることができます。

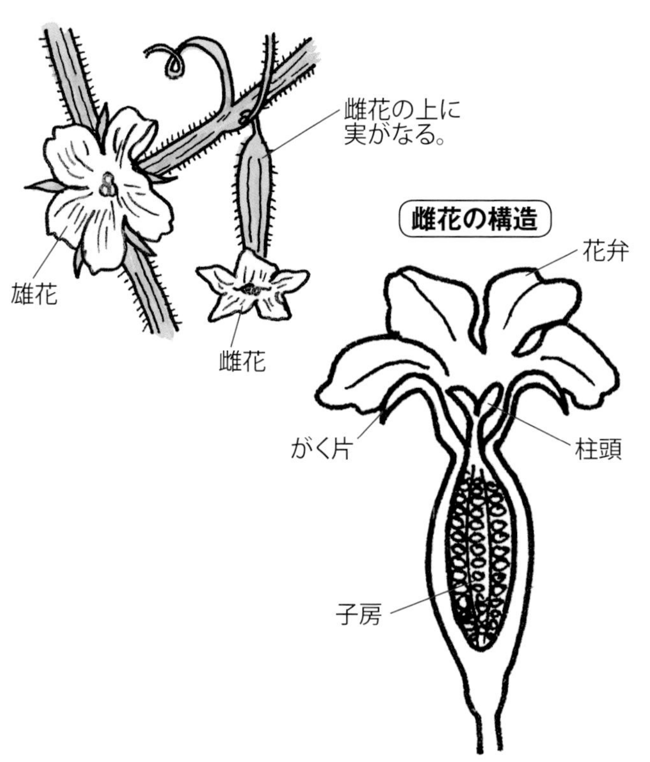

サツマイモ

Q・サツノイモの苗は、なぜ斜めに植えつけるのですか?

A・地際に近い節にイモがつきやすいからです。

サツマイモは地際に近い節にイモがつきやすいので、その点を考えて植えつけるようにしましょう。

斜め植え/茎の短いものは斜めに植える。

水平植え/茎の長いものはなるべく水平に植えると収穫量が多くなる。

●サトイモ

Q・種イモ選びのポイントを教えてください。

A・重さは40~50gで、ふっくらとしていて形が整っているものを選びます。

サトイモの種イモは４月頃から園芸店に出回りはじめます。複数植えつける場合は、同じくらいの大きさを選んで、苗の成長をそろえるようにします。芽が傷んでいないか、腐っている部分がないかをしっかりチェックしましょう。

イモが軽すぎるものは発芽しないこともあるので注意。

●スイカ

Q・つるは伸びて株は大きくなっているのに、実が大きくならない!

A・つるばかり伸びて実が育たない「つるボケ」が起きています。

スイカは､成育初期にチッソ肥料を与えてしまうと､株の勢いが強くなりすぎて「つるボケ」を起こします。元肥（もとごえ）はリン酸、カリ主体のものにし、実がついてから、チッソ肥料を施すようにします。また、受粉の時間が遅いと発芽力が低下してしまうことがあります。人工授粉は朝9時までに行うのがベストです。

開花した日の朝9時までに受粉を行うのがおすすめ。

Q・甘いスイカをつくるコツはありますか?

A・受粉後1カ月したら水やりを止めます。

収穫期が近づいたら土が乾いている状態にしておくと甘みが増すといわれています。また収穫後４～５日置いて熟成させると甘くなります。

実のついた節の葉が枯れてくると、収穫期が近づいているサイン。

●トウモロコシ

Q・実が歯抜けになってしまいます!

A・きちんと受粉が行われていないことが考えられます。

トウモロコシの受粉は、先に雄花が成熟して花粉をまき散らし、そのあとに雌花が成熟して受け取る仕組みになっています。雌花は受粉のタイミングを逸しても他の株から花粉を受け取れば問題ないのですが、家庭菜園の場合は植える本数が少ないため、人工で確実に受粉させないと歯抜けの実ができやすくなってしまいます。

また、1本の茎に雌穂が複数ついたら、一番大きなものを残して他は摘み取ります。

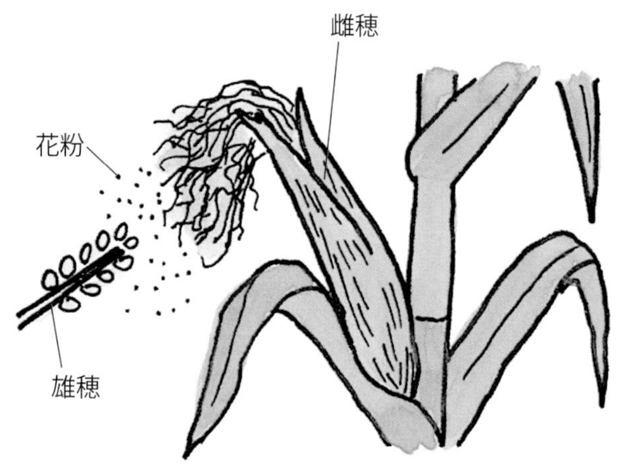

ひげ(雌しべ)の1本ずつが粒とつながっているので、すべてのひげに花粉がかかるようにするとよい。

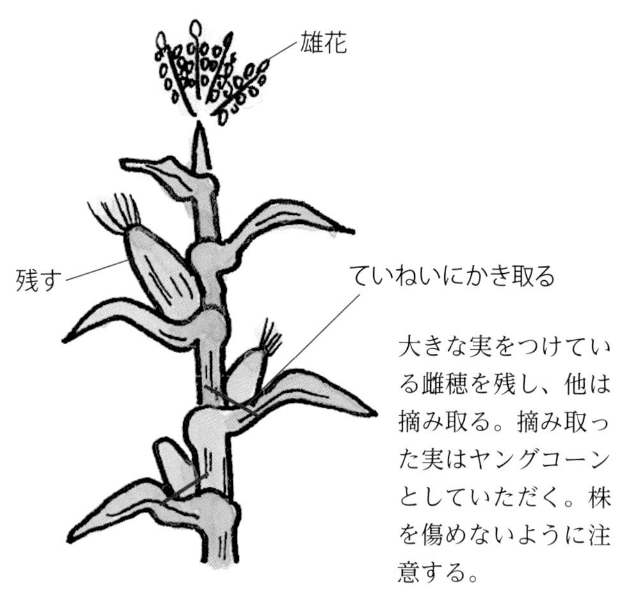

大きな実をつけている雌穂を残し、他は摘み取る。摘み取った実はヤングコーンとしていただく。株を傷めないように注意する。

●ラッカセイ

Q・ラッカセイの収穫量が少ない!

A・開花後、子房柄(しぼうへい)が土にもぐりにくいと収穫量が減ってしまいます。

ラッカセイは受粉後の花から出た子房柄が、地中にもぐって種を成長させます。そのため、花が咲いたときの追肥(ついひ)のタイミングでしっかり中耕して、子房柄がもぐりやすいようにしておくことが大切です。また、子房柄がもぐりこんだ頃に、土が乾燥していたらたっぷり水やりをしてください。

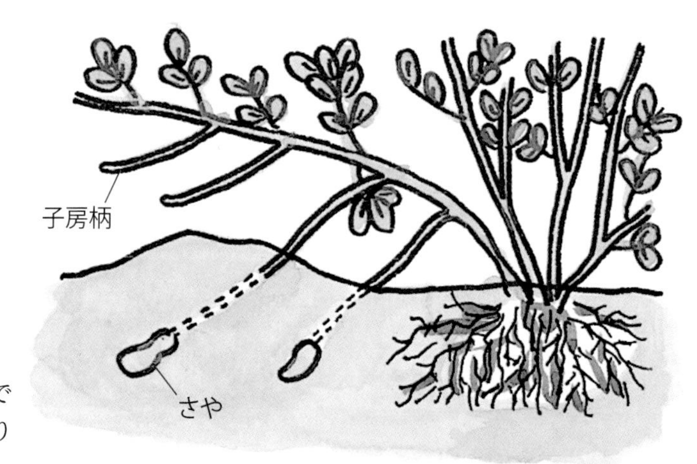

子房柄が地面にもぐりこんで4~5日後から、さやが太り始める。

●トマト

Q・下葉が内側に巻き込んでいる!

A・チッソ過多が考えられます。

低温、または高温が続くと果実が太らず落花が増えます。また、栄養不足も落花の原因となります。実が肥大しはじめたら、しっかり追肥を行っていくことが大切です。

葉でわかる栄養状態

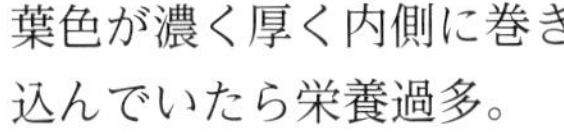

葉色が濃く厚く内側に巻き込んでいたら栄養過多。

葉色が薄く、小さくやや上を向いていたら栄養不足。

Q・実が割れてしまう!

A・乾燥などで株が弱っているときに、急に水を与えると起こります。

「裂果」といい、果実の弾力性がなくなっているときに、急激に水分を吸い上げたため、表皮が耐え切れずに破れてしまったものです。夏の乾燥などで根が傷んだところに、雨が勢いよく降ったりするとよく起こります。

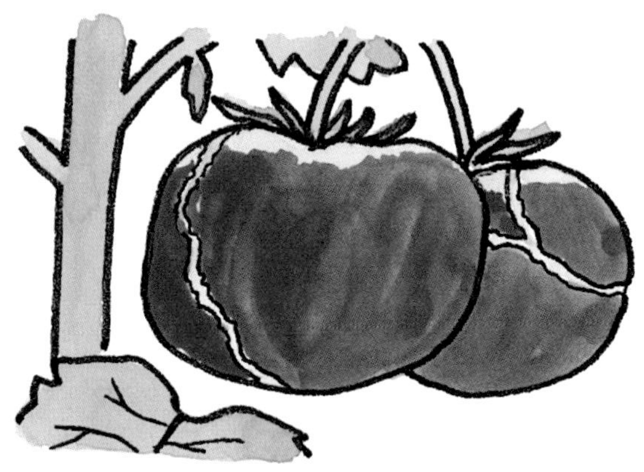

夏の高温・乾燥期に起こりやすいので注意。

Q・第一花房ってなんですか?

A・トマトが最初につける花房（房状になった花の集まり）ことです。

トマトの花は房状に集まって咲くので花房と呼ばれます。一番下、つまり最初に咲いた花房を第一花房、その上、次に咲いた花房を第二花房と言います。

●ナス

Q・ナスの花が落ちてしまい実がつきません。

A・肥料不足のサインです。

ナスの花は中心に雌しべがあり、その周りに雄しべがあります。栄養状態がよいと雌しべのほうがやや長くなりますが、悪いと雄しべのほうが長くなります。チェックしてみてください。ナスは収穫期間が長いため、栽培中の追肥は欠かさないようにしましょう。

健全花

雄しべよりも雌しべのほうが長い。

不良花

雄しべ

雄しべより雌しべのほうが短いので雌しべが見えない。短花柱花という。

Q・実が小さくて固いのですが……。

A・「石ナス」といい、主に低温が原因で起こります。

開花期の夜の温度が15℃以下になったり、収穫がはじまる時期に低温が続いたりすると起こります。

ナスの実の3大トラブル

石ナス
皮と実が固くなる現象。低温が続くと起こる。

裂果
乾燥が続いたあとに雨が勢いよく降ると起こる。

つやなし果
凸凹がありつやがなくなる現象。乾燥が原因で起こる。

Q・ヘタが褐色になり、果実にも網目状の傷のようなものがあります。

A・チャノホコリダニによる被害です。

チャノホコリダニは、梅雨頃から増加し8月下旬～10月にかけてナスの新芽や実を食害します。症状を見つけたら早めに患部を切り取って処分します。敷きわらのマルチングで株元の乾燥を防いだり、葉裏にもやや強めに水をかけたりして予防しましょう。

高温と乾燥を好むので、マルチングで予防を。

PART 2

夏・秋から育てる野菜

根ものや葉ものの多くは夏・秋から育てます。
一部春にも栽培できますが、
秋〜冬の寒さに当たると甘くおいしくなります。

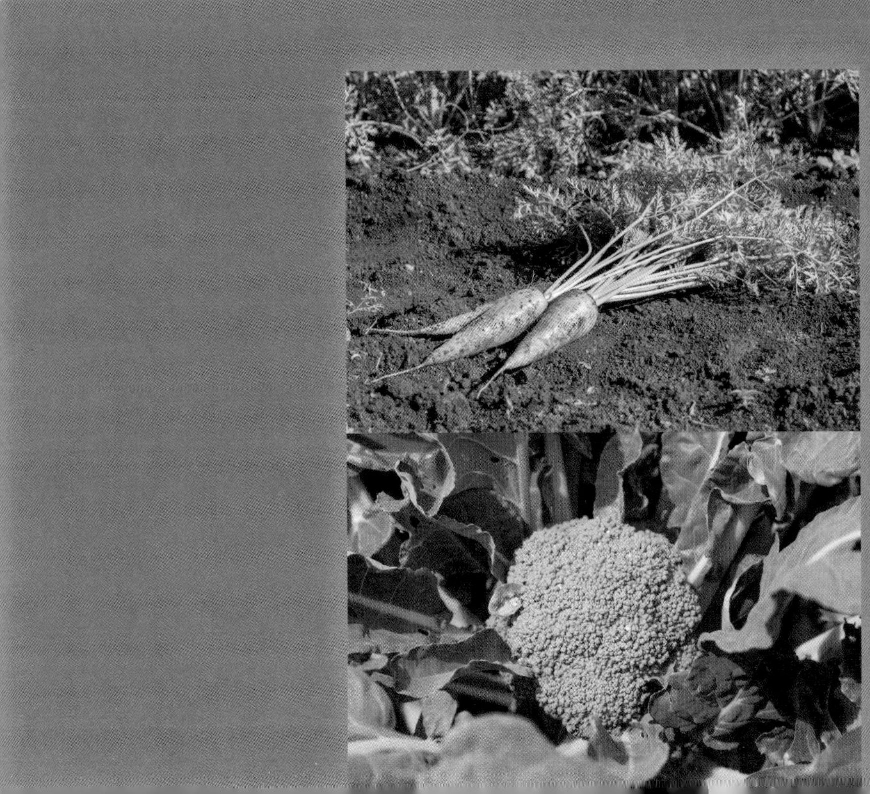

コカブは株の直径5cmほどで収穫

カブ 根

【アブラナ科】

DATA
- 輪作：1～2年
- 成育適温：15～25℃
- 株間：10cm
- 条間：15cm

土づくり・畝づくり

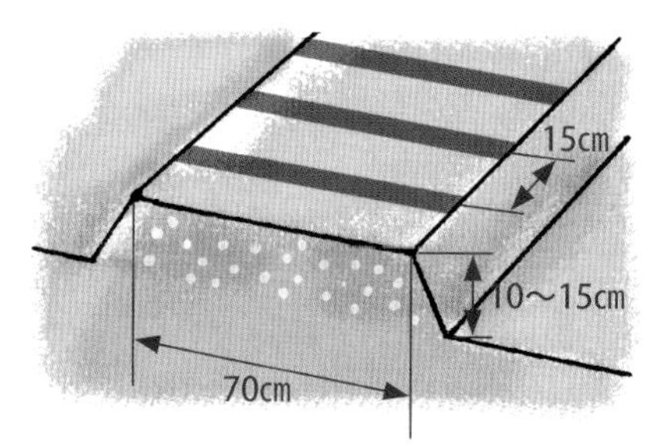

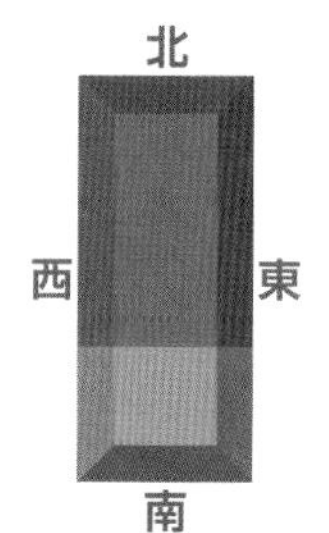

土づくり：種まき2週間前に苦土石灰200g/㎡、種まき1週間前に堆肥3kg/㎡と化成肥料200g/㎡

ポイント

- 葉もの野菜のように栽培期間が短い。
- 秋まきの成育初期では、害虫の被害にあいやすいので、寒冷紗のトンネルなどで防ぐ。
- 1回目の間引きで1～2cm、2回目は5cm前後、最終的に10cmほどの株間にする。
- 収穫が遅れると根が割れることがあるので収穫の遅れに注意。

カレンダー

1	2	3	4	5	6	7	8	9	10	11	12
			種まき								
				間引き①							
				間引き②							
				追肥							
					間引き③						
					収穫						

1 種まき ●3月中旬～4月中旬（春）／9月～10月中旬（秋）

条間15cmに板などで深さ1cm程度の窪みをつける。種が重ならないようにできるだけ均一にすじまきにする。

窪みの両側から指でつまむように土をかぶせて表面を押さえ、たっぷりと水やりをする。

2 間引き① ●4月（春）／9月中旬～10月（秋）

本葉が2～3枚出てきたら、株間1～2cmになるように間引きをする。

成育の悪いものを選び、引き抜く株のつけ根を押さえて間引く。間引き後は株の周囲の土を指で軽くほぐす。

3 間引き②

●4月中旬～5月下旬（春）／10月～11月上旬（秋）

本葉が4～6枚出てきたら、成育の悪いものを選んで間引く。

間引く株の株元（かぶもと）を押さえて引き抜き、間引き後は株間5cm前後にする。

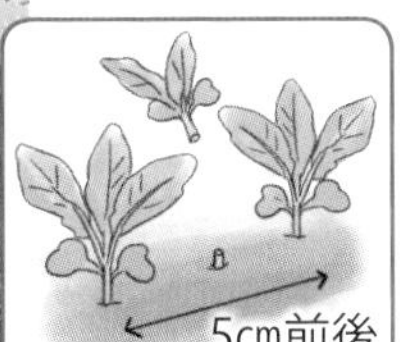

4 追肥（ついひ）

●4月中旬～5月下旬（春）／10月～11月上旬（秋）

2回目の間引き後、列の間に1㎡当たりひと握り（20～30g）の化成肥料を施す。

表面の土と肥料を軽く混ぜて、株元に土寄せをする。

5 間引き③

●4月下旬～5月（春）／10月上旬～11月中旬（秋）

根の直径が1cm前後になったら最後の間引きをする。株元近くの葉を持って引き抜き、株間10cmほどにする。

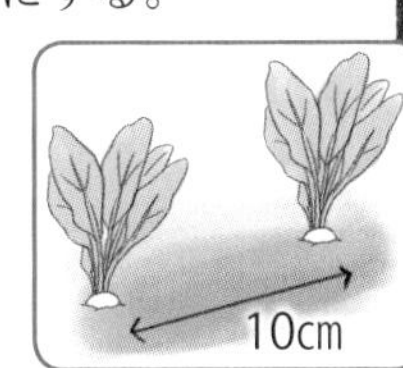

Point!

間引き菜も利用

間引いた株は食べられるので捨てずに利用する。3回目の間引きでは根も食べられるくらい大きくなる。

6 収穫

●5月上旬～6月上旬（春）／10月中旬～12月下旬（秋）

根が土から少し出て、直径が5cmほどになったものから順次収穫する。株元近くの葉を持って引き抜く。

とう立ちまで放置してしまうと実にすが入ってしまう。しかしカブはアブラナ科なので花芽はナバナとして食べられる。

結球させるためには植えつけ時期が大切

キャベツ 葉

【アブラナ科】

DATA
- 輪作：2～3年
- 成育適温：15～20℃
- 株間：40㎝
- 条間：40㎝

土づくり・畝づくり

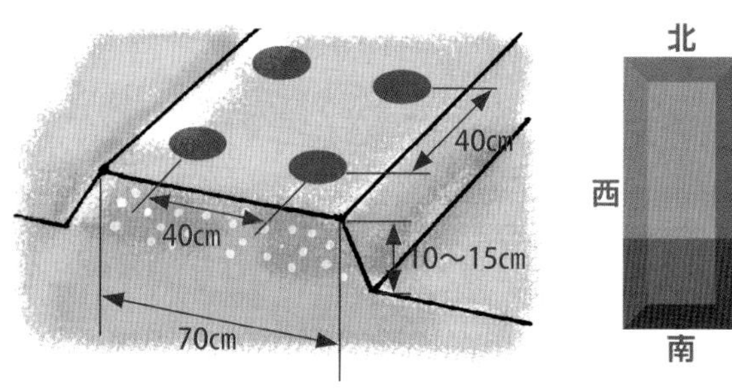

土づくり：植えつけ2週間前に苦土石灰200g/㎡、植えつけ1週間前に堆肥2kg/㎡と化成肥料200g/㎡

ポイント

- 涼しい気候を好むため、植えつけは暑さのピークがすぎた頃に行う。
- 植えつけ時期が遅れると、葉が結球しないことがあるので植えつけ時期を守る。
- 成育初期は害虫に葉を食べられないように寒冷紗のトンネルなどで覆う。

カレンダー

1	2	3	4	5	6	7	8	9	10	11	12
							種まき				
								間引き			
									植えつけ		
										追肥	
									収穫		

1 種まき ●7月中旬～8月中旬

ポットに培養土を入れ、指先で3カ所窪みをつける。それぞれの窪みに1粒ずつ種をまく。

土をかぶせて、表面を軽く押さえ、種と土が密着するようにたっぷりと水やりをする。発芽まで15～25℃で管理する。

2 間引き ●8月

本葉が2～3枚出てきたら成育の悪いものを選んで、つけ根からハサミで切り、1株にする。

3 植えつけ

●8月下旬〜9月中旬

1 本葉が6〜8枚に育ったら株間・条間ともに40㎝に植えつける。

2 苗の株元を押さえ、根鉢と土が密着するように水やりをする。

Point!

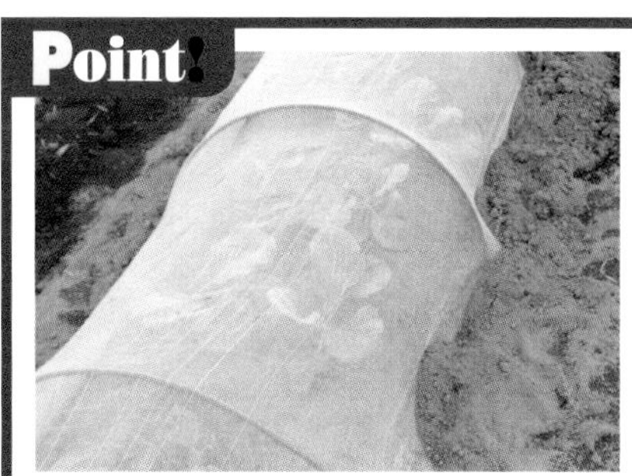

寒冷紗で防虫対策

植えつけ後は寒冷紗のトンネルをかぶせて防虫対策をする。

4 追肥

●9月上旬〜10月下旬

1 植えつけ後、株の状態を見ながら追肥する。1㎡当たりひと握り（20〜30g）の化成肥料を葉の広がりに合わせてまく。

2 表面の土を軽くほぐしながら、土と肥料を混ぜ、株元に土寄せをする。

3 株が大きくなったら、畝の脇に溝を掘って肥料を施して、溝を埋める。

2回目は1回目の20日後ぐらいに、3回目は結球しはじめた頃に追肥する。

5 収穫

●10月下旬〜12月

1 結球した部分を手でさわって締まっていたら収穫する。外側の葉を押し広げる。

2 株元に包丁を入れて収穫する。品種によって収穫までの日数が違うので種の袋などで確認する。

Point!

モンシロチョウの幼虫

モンシロチョウの幼虫、アオムシはキャベツについて葉を食べてしまう。見つけたら葉の裏も確認して処分する。葉はむしり取る。

間引きながら株間を調整する

コマツナ 葉

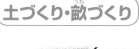

【アブラナ科】

DATA
- 輪作：1年
- 成育適温：15～25℃
- 株間：5～7cm
- 条間：15cm

土づくり・畝づくり

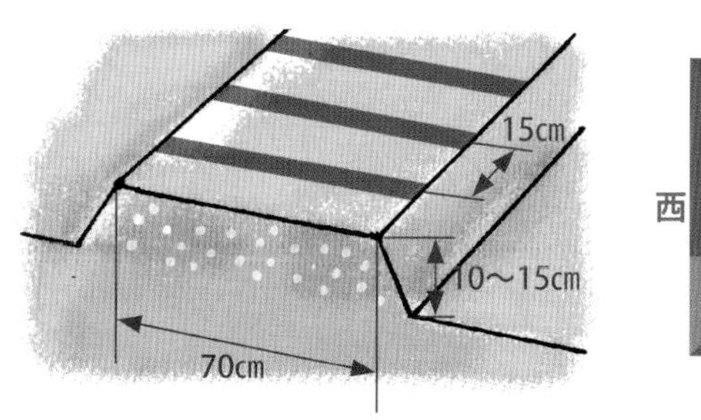

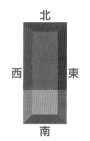

土づくり：種まき2週間前に苦土石灰200g/㎡、種まき1週間前に堆肥3kg/㎡と化成肥料200g/㎡

ポイント

- 育てやすく短期間で収穫できる。
- 初夏～初秋は害虫の被害にあいやすいので寒冷紗などで覆って防ぐ。
- 2～3回間引きをして最終的に株間5～7cmにする。
- 大きく育ちすぎると味が悪くなるので、肥料のやりすぎに注意する。

カレンダー

	1	2	3	4	5	6	7	8	9	10	11	12
種まき												
間引き①												
間引き②・追肥												
収穫												

1 種まき ●3月～10月

1 条間15cmに板や支柱で深さ1cm程度の窪みをつけて種をまく。

2 土をかぶせて軽く押さえ、土と種が密着するようにたっぷりと水やりをする。

2 間引き① ●3月中旬～11月上旬

1 本葉が2～3枚出てきたら、1回目の間引きをする。

2 虫食いのあるもの、成育の悪いものを選び、株間1～2cmにする。

3 間引き②

●3月下旬～11月

1 本葉が4～6枚出てきたら間引きをする。間引いた株は捨てずに利用できる。

2 成育の悪いものを選び、ほかの株が抜けないように株元(かぶもと)を押さえて引き抜く。

Point!

2回目の間引き後は株間が3～4cmになるように間引き、成長したら最終的に株間5～7cmになるようにする。

4 追肥(ついひ)

●3月下旬～11月

間引き後、株の状態を見ながら追肥をする。1m²当たり軽くひと握り(10～20g)の化成肥料を条間に施す。

土を軽くほぐしながら、土と肥料をよく混ぜる。

風で倒れないように株元に土を寄せ、軽く押さえる。このとき、株の中心部分まで土で埋めないようにする。

5 収穫

●4月～12月

草丈(くさたけ)15～20cmほどになったら収穫する。大きくなりすぎると味が落ちるので、間引きながら収穫するとよい。株元からハサミで切り取って収穫する。

Point!

春に花が咲く

秋まきにして翌年まで株を残しておくと、とう立ちして花が咲く。花が咲く前のつぼみはナバナとして収穫できる。

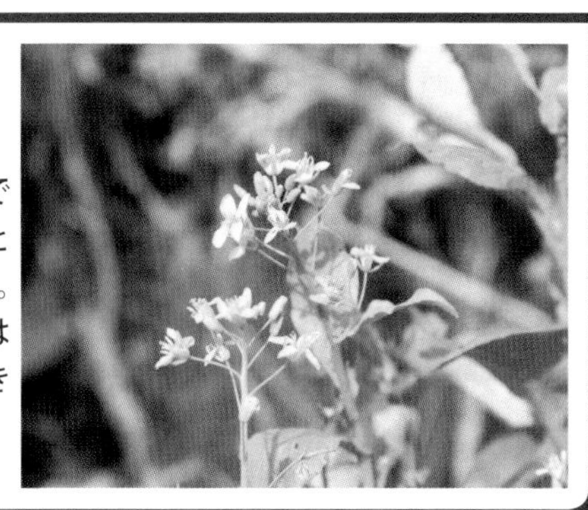

秋まきは摘芯（てきしん）して収穫

シュンギク 葉

【キク科】

DATA
- 輪作（りんさく）：1～2年
- 成育適温：15～20℃
- 株間（かぶま）：10cm
- 条間（じょうかん）：15cm

土づくり・畝（うね）づくり

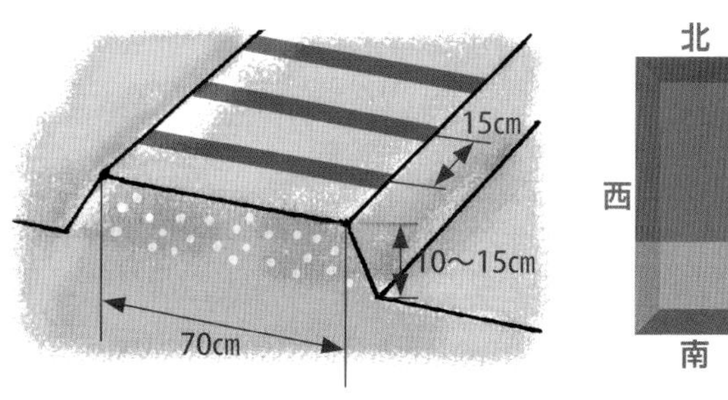

土づくり：種まき2週間前に苦土石灰（くどせっかい）100g/㎡、種まき1週間前に堆肥（たいひ）1kg/㎡と化成肥料100g/㎡

ポイント

- 間引きながら育てて、1回目の間引きで1～2cm、2回目は3～5cm、最終的に10cm前後の株間にする。
- 秋まきでは、摘芯して収穫するとわき芽が伸びて再収穫することができる。
- 春まきでは、とう立ちしやすいので、株元から収穫する。
- 寒さに弱いので霜が降りると葉が黒くなって枯れる。

カレンダー

1	2	3	4	5	6	7	8	9	10	11	12
				種まき							
					間引き①						
					間引き②						
					追肥						
					間引き③						
						収穫					

1 種まき

●3月中旬～4月下旬（春）／9月（秋）

条間15cmに板などで深さ1cm程度の窪みをつける。種が重ならないようにできるだけ均一にすじまきにする。

窪みに薄く土をかぶせて表面を押さえ、種と土が密着するように水やりをする。

好光性種子※なので、覆土はごく薄くかける。

※発芽に光を必要とする種子のこと。

2 間引き①

●4月～5月中旬（春）／9月中旬～10月上旬（秋）

本葉（ほんよう）が3～5枚出てきたら、株間1～2cmになるように間引く。成育の悪い株を選び、株元（かぶもと）を押さえて引き抜く。

間引き後は株の周囲を指で軽くほぐし、株元に土寄せをする。このとき株の中心まで土をかけないようにする。

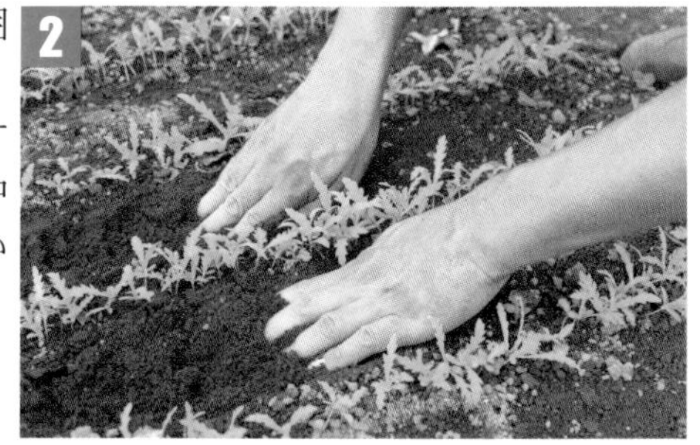

3 間引き②

●4月中旬〜5月下旬（春）／10月上旬〜下旬（秋）

本葉が8枚ほど出てきたら、成育の悪いものを選んで間引く。

残す株が抜けないように、間引く株の株元を押さえて引き抜き、間引き後は株間3〜5cmにする。

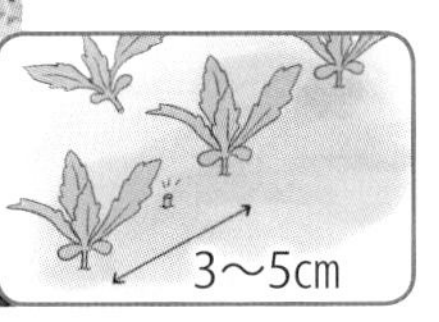

4 追肥（ついひ）

●4月中旬〜5月下旬（春）／10月上旬〜下旬（秋）

2回目の間引き後、列の間に1㎡当たりひと握り（20〜30g）の化成肥料を施す。

表面の土をほぐしながら肥料と土を混ぜて、株元に土寄せをする。

5 間引き③

●5月〜6月上旬（春）／10月上旬〜下旬（秋）

草丈（くさたけ）が15cm前後になったら最後の間引きをする。成育の悪い株を間引いて株間10cmほどにする。間引き菜も捨てずに料理に利用できる。

6 収穫

●5月中旬〜6月下旬（春）／10月中旬〜11月下旬（秋）

草丈20cm程度に伸びたら収穫する。春まきではとう立ちを防ぐために株ごと収穫する。

秋まきでは葉を5〜6枚残して摘芯（てきしん）して収穫すると、わき芽が伸びて再度収穫することができる。

Point!

秋まきではわき芽を伸ばす

摘芯して収穫すると、わき芽が伸びる。わき芽が15cm程度になったら葉を残して同じように収穫する。

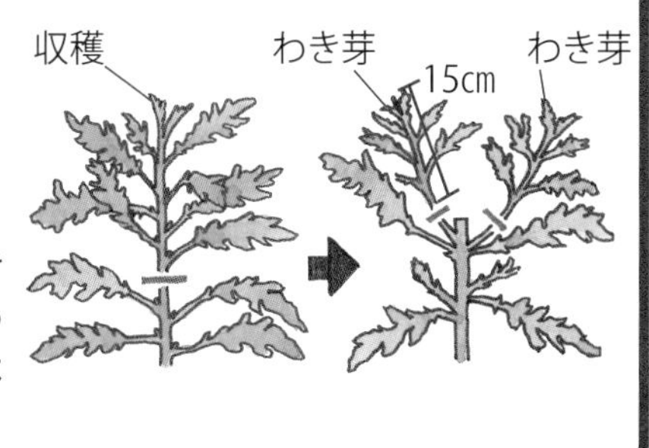

土寄せと支柱で株を安定させる

ソラマメ 実

【マメ科】

DATA
- 輪作：4～5年
- 成育適温：15～20℃
- 株間：40㎝

土づくり・畝づくり

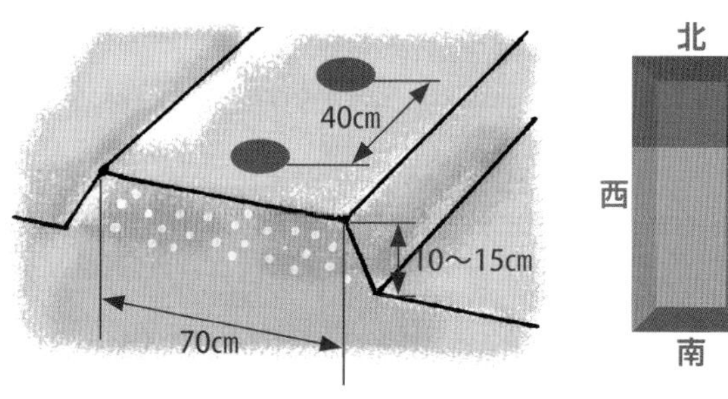

土づくり：植えつけ2週間前に苦土石灰200g/㎡、植えつけ1週間前に堆肥2kg/㎡と化成肥料200g/㎡

ポイント

- 苗が大きいと冬に株が傷むので、種まき・植えつけ時期を守る。
- 茎が細く伸びるので、土寄せをして株を安定させる。
- 高さ70㎝ほどになったら、株の安定と、サヤを大きくするために先端を花ごと摘芯する。
- 春になると、先端の新芽や若い葉にアブラムシがつくので、摘芯のときに新芽ごと摘み取る。

カレンダー

1	2	3	4	5	6	7	8	9	10	11	12
									種まき		
										植えつけ	
		追肥・土寄せ									
		支柱立て									
			摘芯								
				収穫							

1 種まき ●10月上旬～下旬

ポットに培養土を入れ、へこんでいる部分（おはぐろ）を下に向けて1粒まく。

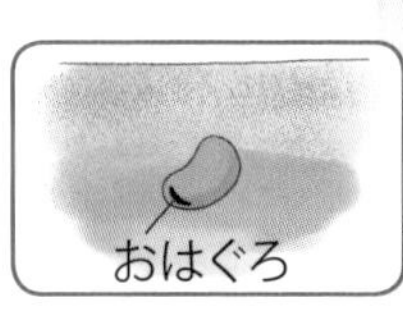

土をかぶせて、表面を軽く押さえ、種と土が密着するようにたっぷりと水やりをする。発芽まで15～20℃で管理する。

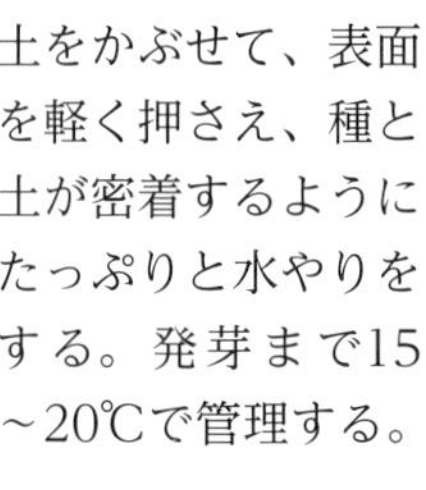

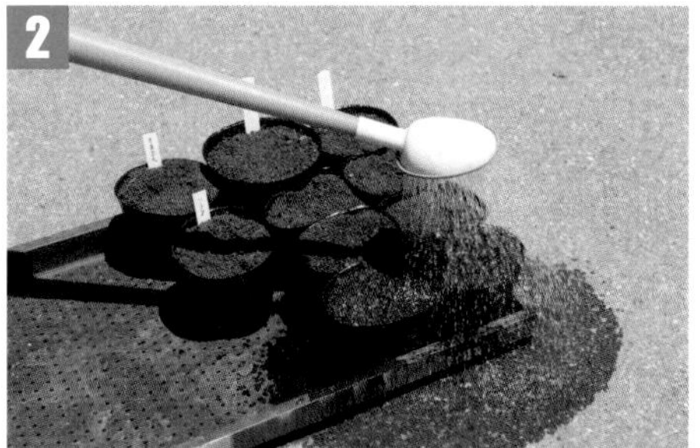

2 植えつけ ●10月下旬～11月上旬

本葉が2～3枚出てきたら株間40㎝に植えつける。根鉢を崩さないようにポットから抜き出す。

苗を植えつけて株元を押さえ、根鉢と土が密着するようにたっぷりと水やりをする。

3 追肥・土寄せ

●3月

1 株が成長しはじめたら、1㎡当たりひと握り(20～30g)の化成肥料を葉の広がりに合わせてまく。

2 表面の土を軽くほぐしながら、土と肥料を混ぜ、株元から出た茎がすべて埋まるように土寄せをする。

Point!

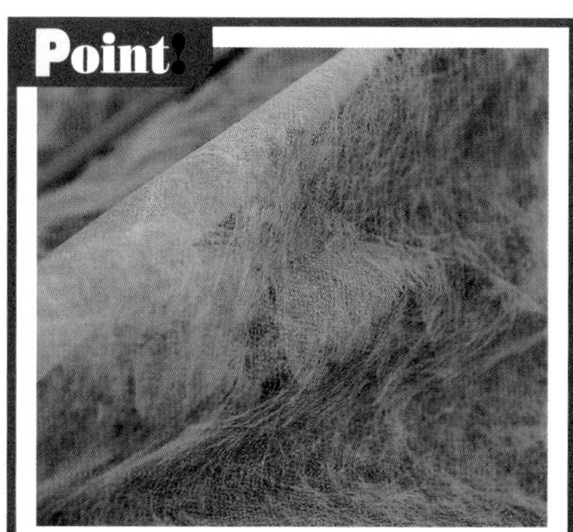

鳥害を防ぐ

マメ科の野菜は鳥の大好物。寒冷紗や不織布で覆って対策を。

4 支柱立て

●3月下旬～4月下旬

草丈が30cm程度になったら、株が倒れないように支柱を立てる。畝の四隅に支柱を立ててひもで囲むように結ぶ。

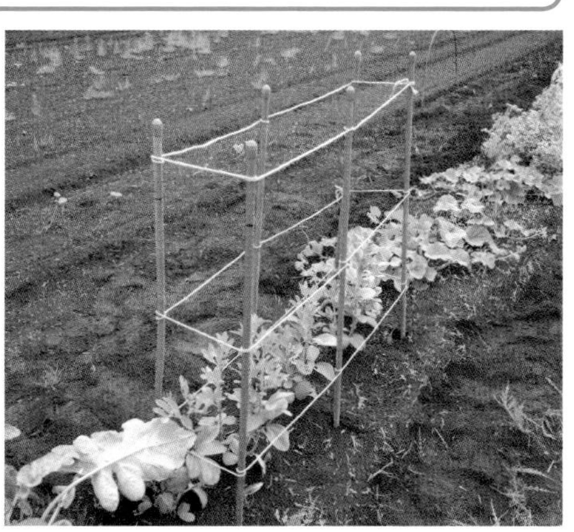

5 摘芯

●4月中旬～5月中旬

草丈70cmほどになったら先端を摘芯する。先端のほうの花は大きくならないので、花ごと摘み取る。

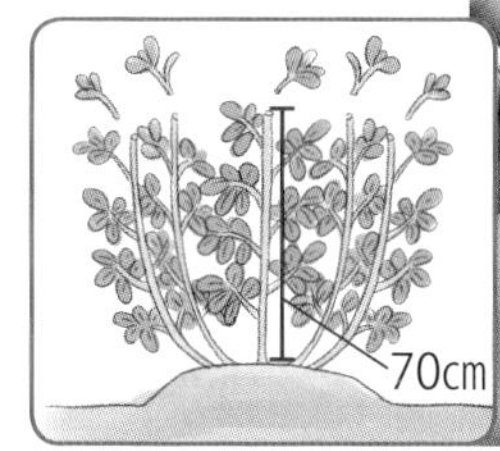

6 収穫

●5月下旬～6月中旬

1 摘芯することで、マメが大きくなってくる。収穫時期になると上向きになったサヤがマメの重みで下向きになる。

2 サヤが下向きになって背に黒い筋が出てきたらハサミで切って収穫する。

よく耕して根が伸びやすい土にする

ダイコン 根

【アブラナ科】

DATA
- 輪作：1～2年
- 成育適温：15～20℃
- 株間：30cm
- 条間：40cm

土づくり・畝づくり

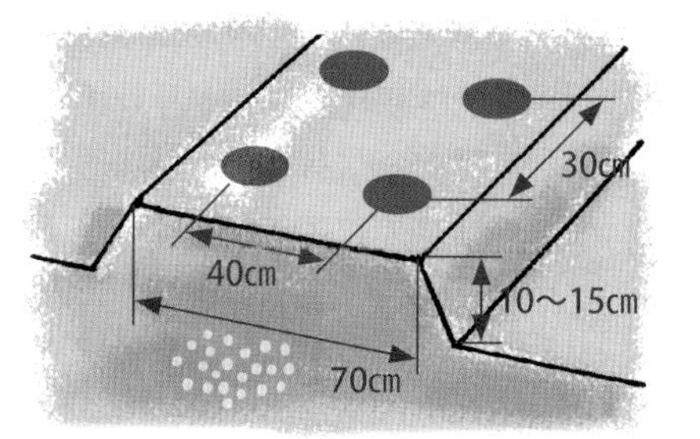

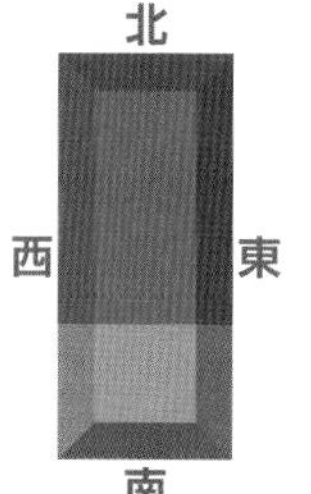

土づくり：種まき2週間前に苦土石灰100g/㎡、
種まき1週間前に化成肥料100g/㎡

ポイント

- 根がまっすぐに伸びるように土をよく耕しておく。
- 堆肥を土に入れると、根が分かれる「また根」になりやすいため施さない。
- 肥料は根に直接ふれないように、畝の中央に入れる。
- 根の上部が土から出て、外側の葉が広がってたれてきたら収穫適期。

カレンダー

1	2	3	4	5	6	7	8	9	10	11	12
				種まき							
				間引き①							
					間引き②						
	収穫（秋）					収穫（春）		収穫（秋）			

1 種まき

●4月中旬～下旬（春）／ 8月下旬～9月下旬（秋）

種をまく前に土をよく耕し、中央に深さ20cm程度の溝を掘る。溝の中に1㎡当たり100gの化成肥料をまき、溝を戻して畝をつくる。

窪みの中に1カ所3～4粒の種をまく。

株間30cm、条間40cmの場所に指先で深さ1cmほどの窪みをつくる。

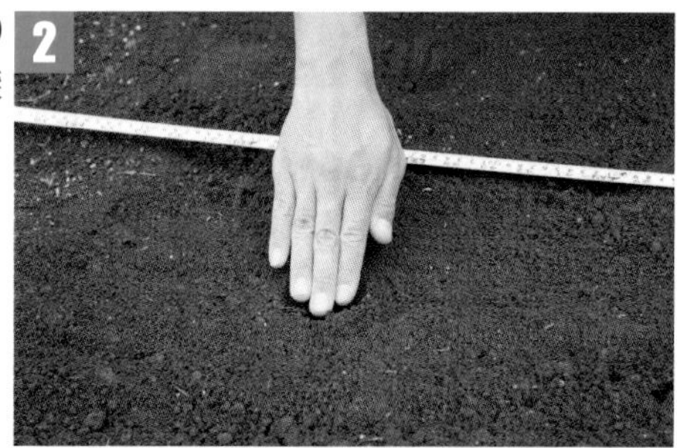

土をかぶせて表面を押さえ、種と土が密着するように水やりをする。

2 間引き①

●4月下旬〜5月上旬（春）／9月（秋）

ふた葉が開いて本葉(ほんよう)が見えはじめたら、間引いて1カ所2株にする。

成育の悪い株を選び、残す株が抜けないように株元(かぶもと)を押さえて引き抜く。

間引き後は株の周囲を指で軽くほぐし、株元に土寄せをする。

3 間引き②

●5月上旬〜下旬（春）／9月中旬〜10月上旬（秋）

本葉が8枚ほど出てきたら、成育の悪いものを選んで間引き、1カ所1株にする。

間引きした株は、料理に利用しよう!

間引き後は表面の土を軽くほぐして株元に土寄せする。

Point!
害虫をトンネルで防ぐ

成育初期は害虫の被害にあいやすいので、2回目の間引き前まで寒冷紗(かんれいしゃ)のトンネルで防ぐ。

4 収穫

●6月上旬〜下旬（春）／11月〜1月（秋）

土から出てきた根の頭が品種の特徴的な太さになり、外側の葉がたれてきたら収穫する。

地上部に出た根を直接持って、まっすぐに引き抜く。収穫が遅れると中に空洞ができて味が落ちるので注意。

Point!
「また根」予防に土を耕す

土の中の石や固まった土が当たると根が分かれる「また根」（写真）になりやすい。ダイコンは土をしっかりと耕すことが大切。

葉が倒れたら収穫する

タマネギ 葉

【ユリ科】

DATA
- 輪作：1年
- 成育適温：15～20℃
- 株間：15cm
- 条間：15cm

土づくり・畝づくり

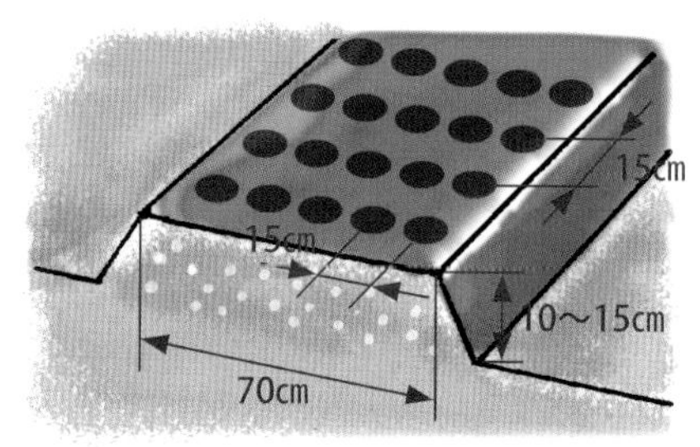

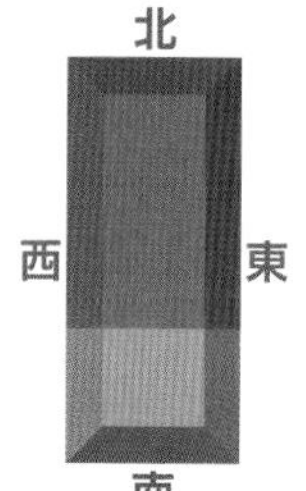

土づくり：植えつけ2週間前に苦土石灰100g/㎡、植えつけ1週間前に堆肥1kg/㎡と化成肥料100g/㎡

ポイント

- 苗は鉛筆よりもやや細い苗がよい。太くなりすぎると春にとう立ちしやすくなる。
- 植えつけでは、あらかじめ株間15cmの穴あきマルチを張っておくと栽培しやすい。
- 全体の7割ほどの株の葉が株元から倒れたら収穫適期。
- 収穫後は十分乾燥させてから貯蔵する。

カレンダー

1	2	3	4	5	6	7	8	9	10	11	12
								種まき			
									間引き		
										植えつけ	
		追肥									
				収穫							

1 種まき ●9月上旬～中旬

苗をつくるために、マルチを張らずに畝をつくり、板や支柱などで条間15cm、深さ1cm程度に溝をつける。

溝に種を1cm間隔でまき、土をかぶせて水やりをする。

発芽まで土を乾燥させないようにする。

2 間引き ●9月下旬～10月中旬

本葉が2～3枚出てきたら混み合った部分を間引いて株間1～2cmにする。

残す株を抜かないように、間引く株の株元を押さえて引き抜く。

雑草はこまめに抜き取る。

3 植えつけ

●11月上旬〜下旬

できるだけ根を切らないように苗を掘り上げる。鉛筆よりもやや細いくらいのものを選ぶ。

植えつけ用の畝に穴のあいたマルチを張る。指でマルチの穴に押し込むように1本ずつ植え、株元に軽く土寄せして押さえる。

4 追肥(ついひ)

●3月

春になって気温が上がり、成長しはじめるタイミングで追肥をする。1㎡当たりひと握り(20〜30g)の化成肥料を分けて、ひと穴ずつ入れる。

Point!

とう立ち株とネギ坊主

気温の上昇とともに葉が茂ってくる。とう立ちしてネギ坊主がついたものは早めに収穫して利用するとよい。

Point!

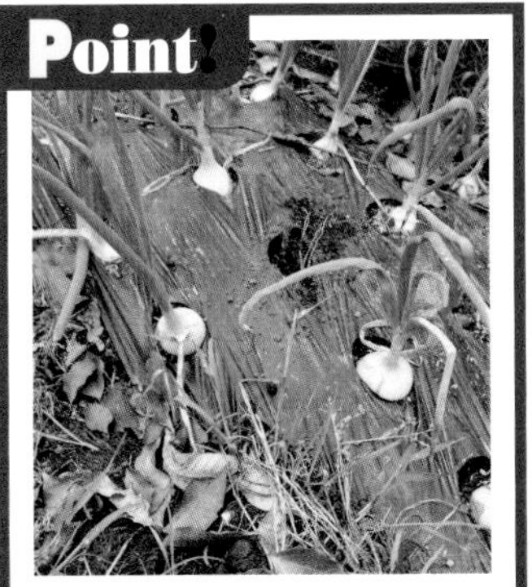

葉先が枯れてきたら?!

葉先だけ枯れている場合はそのままでよい。葉の全体が枯れている場合は、根元から取る。

5 収穫

●5月中旬〜6月中旬

全体の7割ほどの葉がつけ根から倒れたら収穫をはじめる。

株元を持って引き抜き葉が枯れるまで畑に並べる。葉が枯れてから収穫した場合は、収穫後にしっかりと乾燥させる。

Point!

吊るして乾燥

収穫後に葉が枯れたものは数個ずつ束ねて両端をひもで結び、風通しのよい場所で1カ月ほど乾燥させる。

種に光が当たるように薄く土をかぶせる

ニンジン 根

【セリ科】

DATA
- 輪作：2～3年
- 成育適温：15～20℃
- 株間：10～15cm
- 条間：15cm

土づくり・畝づくり

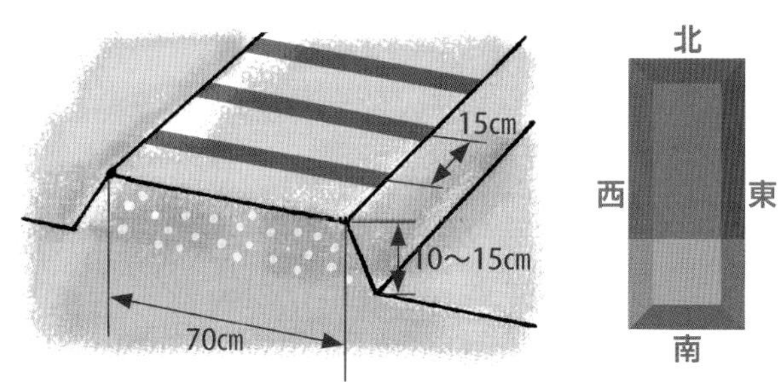

土づくり：種まき2週間前に苦土石灰100g/㎡、
種まき1週間前に化成肥料100g/㎡

ポイント

- ダイコンと同じように種まき前には土をよく耕し、堆肥は入れずに育てる。
- 種は光がないと発芽しにくい。
- 間引きながら育て、1回目の間引きで株間2cm前後、2回目は5cm前後、最終的に10～15cmにする。
- キアゲハの幼虫は葉を食べられる前に捕まえて処分する。

カレンダー

1	2	3	4	5	6	7	8	9	10	11	12
							種まき				
								間引き①			
								間引き②			
						間引き③・追肥					
									収穫		

1 種まき

●7月上旬～8月上旬

条間15cmに板などでごく浅い窪みをつける。種が重ならないようにできるだけ均一にすじまきにする。

種は光がないと発芽しないため、窪みに薄く土をかぶせて表面を押さえ、種が流れないようにサッと水やりをする。

2 間引き①

●7月下旬～8月下旬

本葉が2～3枚出てきたら、株間2cm前後になるように間引く。成育の悪い株を選び、株元を押さえて引き抜く。

間引き後は、土の通気性がよくなるように、表面の土を軽くほぐし、株元に土寄せをする。このとき株の中心まで土をかけないようにする。

3 間引き②

●8月上旬～9月上旬

本葉が4～5枚ほど出てきたら、成育の悪いものを選んで間引く。

土を軽くほぐして株元に土寄せをする。間引き後は株間5cm前後にする。

Point!

間引き菜も食べられる

間引き菜は、葉も根も食べられるので、サラダなど料理に利用する。

4 間引き③・追肥

●8月下旬～10月上旬

草丈(くさたけ)が15cmくらいになったら最後の間引きをする。成育の悪い株の株元を押さえて引き抜く。最終的に株間10～15cmにする。

間引きが遅くなると根が成長しない、異形になるなどトラブルが起こるので、早めに行おう。

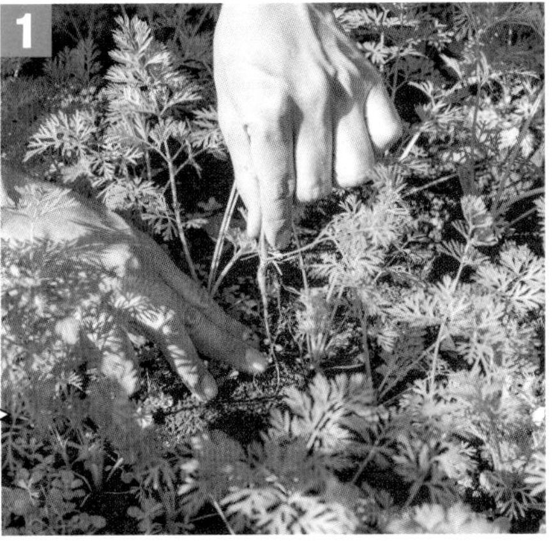

3回目の間引き後、株の様子を見ながら1㎡当たりひと握り(20～30g)の化成肥料を列の間に施し、表面の土を軽くほぐしながら肥料と土を混ぜて、株元に土寄せをする。

Point!

しっかり土寄せする

首部分が光に当たると緑化し品質が落ちるので、葉にかからないようにしっかり土寄せする。

5 収穫

●10月下旬～2月

品種にもよるが根の肩の部分の直径が5cm程度になったら収穫する。土に指を入れて大きさを確かめ、株元の葉を持って垂直に引き抜く。とり遅れると根が割れるので注意。

Point!

畑で保存

畑に植えたまま保存できるが、一度引き抜いて、畑のすみなどにまとめて埋めて保存してもよい。

外葉の大きさが玉の大きさを決める

ハクサイ 葉

【アブラナ科】

DATA
- 輪作：2～3年
- 成育適温：15～20℃
- 株間：40～50㎝
- 条間：40～50㎝

土づくり・畝づくり

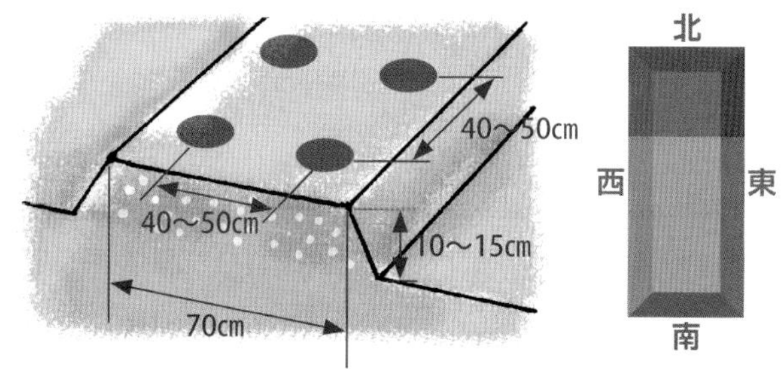

土づくり：植えつけ2週間前に苦土石灰200g/㎡、植えつけ1週間前に堆肥2kg/㎡と化成肥料200g/㎡

ポイント

- 種まき時期が遅れると結球しにくくなるので注意。
- 結球するときに外葉が大きいと玉も大きくなるので、結球前に株を大きくして葉の数を増やす。
- 玉の上部をさわって固く締まっていたら収穫適期。
- 畑で保存する場合は霜が降りる前に外葉を縛っておく。

カレンダー

1	2	3	4	5	6	7	8	9	10	11	12
								種まき			
									間引き		
									植えつけ		
										追肥	
									収穫		

1 種まき ●8月中旬～9月中旬

ポットに培養土を入れ、指先で3カ所窪みをつける。それぞれの窪みに1粒ずつ種をまく。

土をかぶせて、表面を軽く押さえ、種と土が密着するようにたっぷりと水やりをする。発芽まで20～25℃で管理する。

2 間引き ●9月

本葉が6～8枚出てきたら成育の悪いものを選んで、つけ根からハサミで切り、1株にする。

3 植えつけ

●9月中旬〜10月中旬

本葉が10枚以上出てきたら株間40〜50cmに植えつける。根鉢(ねばち)を崩さないようにポットから抜き出す。

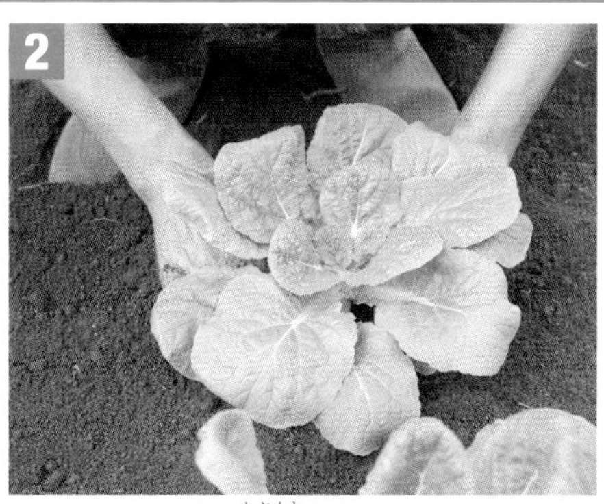

苗を植えつけて株元(かぶもと)に土を寄せて軽く押さえる。

根鉢と土が密着するように、たっぷりと水やりをする。

4 追肥(ついひ)

●10月

株が成長しはじめたら、1㎡当たりひと握り(20〜30g)の化成肥料を葉の広がりに合わせてまく。

表面の土を軽くほぐしながら、土と肥料を混ぜ、株元に土寄せをする。

1回目の追肥の2週間後に、畝の両脇に溝を掘って追肥する。1㎡当たりひと握り(20〜30g)の化成肥料をまいて溝を埋め戻す。

結球が始まったら、根を傷めるので土寄せはしない。

Point

軟腐病(なんぷ)の対策を

害虫に食害された部分から病原菌が入って軟腐病が発生することも。特に台風の通過直後に発生しやすいので、株全体を寒冷紗で覆ったり、反射性フィルムを張ったりして予防を。

5 収穫

●11月上旬〜2月上旬

結球して株の先端をさわって、固く締まっていたら収穫適期。

外葉を押し下げ、包丁で株元から切って収穫する。

結球しなかったものは、そのまま置いておく。春になると菜の花が出てきて収穫できる。

Point

霜が降りる前に葉を縛る

畑で保存する場合は、霜が降りる前に外葉を束ねてひもで縛っておく。

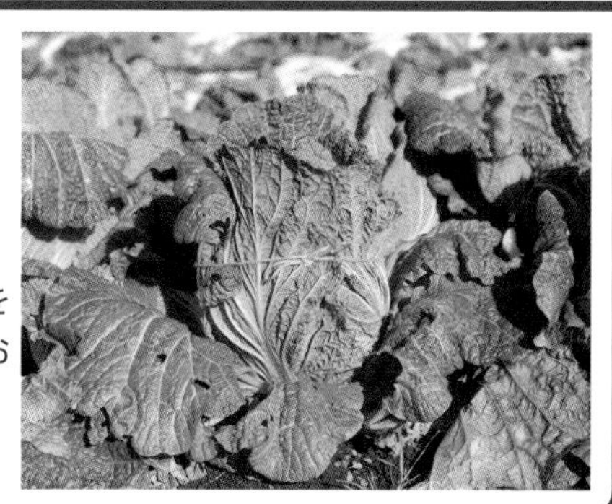

収穫したらわき芽も楽しめる

ブロッコリー 葉

【アブラナ科】

DATA
- **輪作**：2～3年
- **成育適温**：15～20℃
- **株間**：40～50㎝
- **条間**：40～50㎝

土づくり・畝づくり

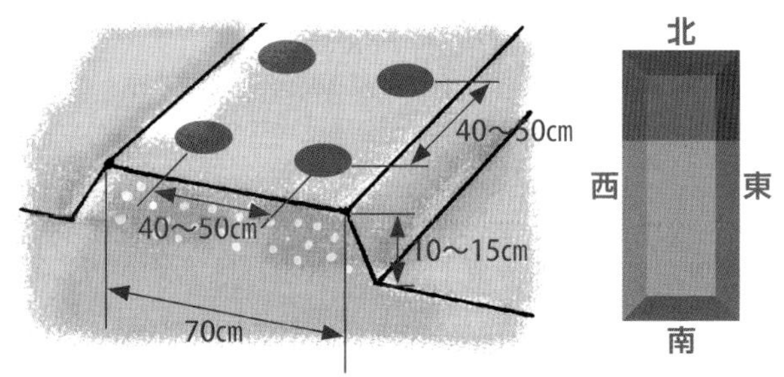

土づくり：植えつけ2週間前に苦土石灰200g/㎡、植えつけ1週間前に堆肥2kg/㎡と化成肥料200g/㎡

ポイント

- 株が大きくなるので、株間はできるだけ広く取る。
- 成育初期は害虫に葉を食べられないように寒冷紗のトンネルなどで覆う。
- 収穫後、わき芽が伸びてくるので、わき芽のつぼみの直径が3㎝くらいで収穫する。
- 春にとう立ちしたナバナも収穫できる。

カレンダー

1	2	3	4	5	6	7	8	9	10	11	12
							種まき				
								間引き			
									植えつけ		
										追肥	
								収穫			

1 種まき

●7月中旬～8月中旬

ポットに培養土を入れ、指先で3カ所窪みをつける。それぞれの窪みに1粒ずつ種をまく。

直まきすると虫に食べられてしまうので、ポットからスタート。

土をかぶせて、表面を軽く押さえ、種と土が密着するようにたっぷりと水やりをする。発芽まで20～25℃で管理する。

2 間引き

●8月

本葉が2～3枚出てきたら成育の悪いものを選んで、つけ根からハサミで切り、1株にする。

3 植えつけ ●8月下旬～9月下旬

本葉が6～8枚に育ったら株間・条間40～50cmに植えつける。

苗を植えつけて株元（かぶもと）を押さえ、根鉢（ねばち）と土が密着するように水やりをする。

Point!

アオムシはトンネルで防ぐ

植えつけ後は、モンシロチョウの幼虫のアオムシを防ぐために寒冷紗や防虫ネットのトンネルをかぶせる。

4 追肥（ついひ） ●9月上旬～10月

植えつけ後、株の状態を見ながら追肥する。1m²当たりひと握り（20～30g）の化成肥料を葉の広がりに合わせてまく。

表面の土を軽くほぐしながら、土と肥料を混ぜ、株元に土寄せをする。

株が大きくなったら畝の脇に溝を掘り、1m²当たりひと握り（20～30g）の化成肥料を施して溝を埋める。

5 収穫 ●10月中旬～2月上旬

つぼみ（花蕾（からい））の直径が15cmくらいになったら、包丁で茎を切って収穫する。

株が大きくなっても低温に当たらないと花蕾は大きくならない。時期を待つことも大事。

収穫後、側花蕾兼用種は追肥（お礼肥）をすると、わき芽が伸びてくるので、直径3cmくらいで収穫する。

Point!

ナバナも楽しめる

春にとう立ちしたら、ナバナとしておいしく食べられる。長さ10cmくらいで摘み取る。

とう立ちするので街灯の近くで栽培しない

ホウレンソウ 葉

【アカザ科】

DATA
- 輪作：1～2年
- 成育適温：15～20℃
- 株間：5cm
- 条間：15cm

土づくり・畝づくり

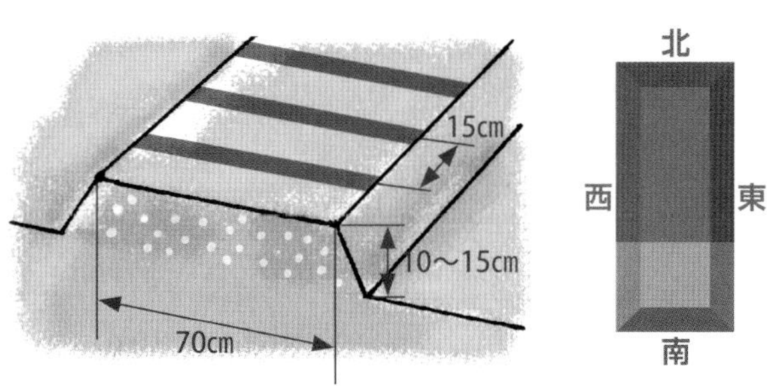

土づくり：種まき2週間前に苦土石灰300g/㎡、種まき1週間前に堆肥1kg/㎡と化成肥料100g/㎡

ポイント

- 中性～アルカリ性の土を好むので、ほかの野菜よりも、石灰を多めにまいて耕す。
- 間引きながら育てて、1回目の間引きで2cm前後、最終的に5cm前後の株間にする。
- 日が長く当たると、とう立ちしやすいので、春まきでは春まき用の品種を選ぶ。また、街灯の近くでは栽培しないようにする。

カレンダー

1	2	3	4	5	6	7	8	9	10	11	12
		■	■				種まき	■	■		
		■	■				間引き①	■	■		
			■	■			間引き②		■	■	
			■	■			追肥		■	■	
■	■	■		■	■	収穫(春)	収穫(秋)		■	■	■

1 種まき ●3月上旬～4月上旬(春)／9月～10月中旬(秋)

条間15cmに板などで深さ1cm程度の窪みをつけ、均一にすじまきにする。

窪みに土をかぶせて表面を押さえ、種と土が密着するように水やりをする。

2 間引き① ●3月下旬～4月下旬(春)／9月上旬～10月下旬(秋)

本葉が3～5枚出てきたら、株間2cm前後になるように間引く。成育の悪い株を選び、株元を押さえて引き抜く。

間引き後は株の周囲を指で軽くほぐし、株元に土寄せをする。このとき株の中心まで土をかけないようにする。

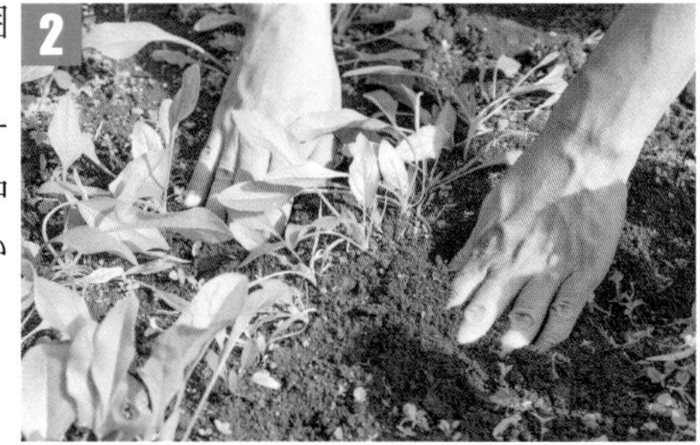

3 間引き②

●4月上旬～5月中旬(春)／9月下旬～11月上旬(秋)

1 本葉が8枚ほど出てきたら、成育の悪いものを選んで間引く。

2 残す株が抜けないように、間引く株の株元を押さえて引き抜く。

3 間引き後は、株間5㎝くらいにする。

4 追肥(ついひ)

●4月上旬～5月中旬(春)／9月下旬～11月上旬(秋)

1 2回目の間引き後、列の間に1㎡当たりひと握り(20～30g)の化成肥料を施す。

2 表面の土をほぐしながら肥料と土を混ぜて、株元に土寄せをする。

5 収穫

●5月～6月上旬(春)／10月中旬～3月中旬(秋)

草丈(くさたけ)20㎝程度に伸びたものから、土の中にハサミを入れて、根を切って収穫する。

Point!

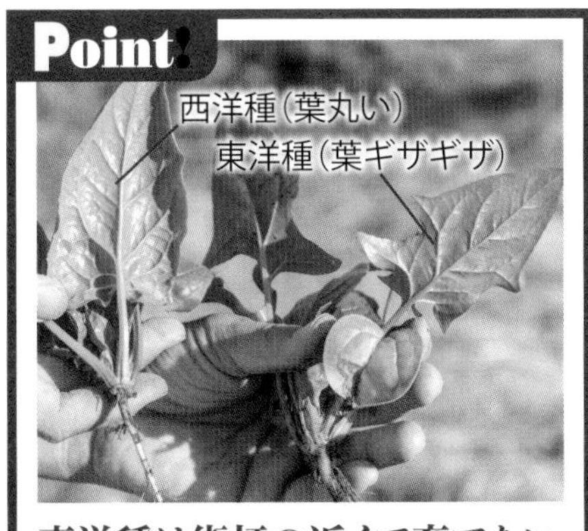

東洋種は街灯の近くで育てない

ホウレンソウは街灯などの光に長く当たると、とう立ちしやすい。とくに東洋種はとう立ちしやすいので注意する。

Point!

寒締めホウレンソウ

多くの葉もの野菜は寒さに当たると、葉が縮んで地面に接するように開く。この時期のホウレンソウは「寒締めホウレンソウ」ともいい、甘みが増す。

短期間で収穫できる根もの野菜

ラディッシュ 根

【アブラナ科】

DATA
- 輪作：1～2年
- 成育適温：15～20℃
- 株間：5cm
- 条間：15cm

土づくり・畝づくり

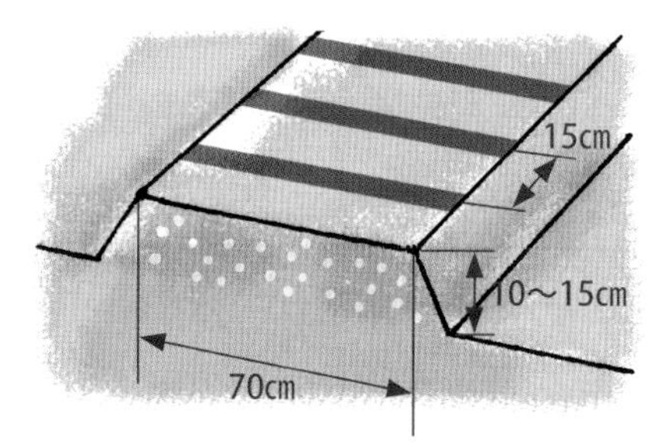

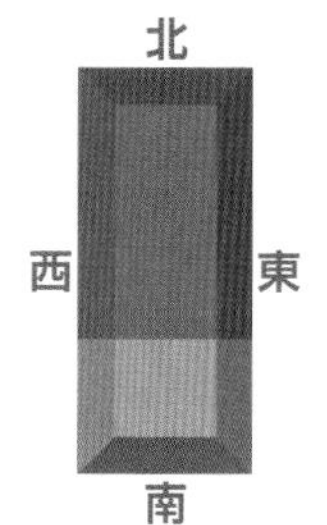

土づくり：種まき2週間前に苦土石灰100g/㎡、種まき1週間前に堆肥1kg/㎡と化成肥料100g/㎡

ポイント

- 種まきからおよそ30日前後で収穫できる。
- 間引きながら育てて、1回目の間引きで2cm前後、2回目は5cm前後の株間にする。
- 間引き後は、表面の土を軽くほぐして土寄せをする。
- 成育期間が短いので、追肥の必要はない。
- 収穫が遅れると根が割れるので、とり遅れに注意する。

カレンダー

1	2	3	4	5	6	7	8	9	10	11	12
					種まき						
					間引き①						
					間引き②						
						収穫					

1 種まき／間引き①

●4月～6月上旬（春）／9月～11月上旬（秋）

条間15cmに板などで深さ1cm程度の窪みをつけて種をまく。窪みに土をかぶせて表面を押さえ、種と土が密着するように水やりをする。

種まき1～2週間後、本葉が2～3枚出てきたら、成育の悪い株を選んで間引き、株間2cm程度にする。

2 間引き②／収穫

●4月下旬～6月（春）／9月下旬～12月中旬（秋）

根が少しふくらんできたら、2回目の間引きを行う。成育の悪い株を間引き、株間5cmくらいにする。

根がふくらんで土の上に出てきたら、株元を持って引き抜いて収穫する。

根の直径2～3cmほどが収穫の目安。

困った! そこが知りたい 夏・秋から育てる野菜編

涼しくなってくるとはいえ、春・夏と同じ病害虫に悩まされたり、寒いがゆえのトラブルに見舞われたりします。あの手この手の知恵を絞って大収穫を目指しましょう。

●カブ

Q・根が割れてしまいました!

A・「裂根」という現象です。肥料不足、または水のやりすぎかもしれません。

カブは肥大期の初期から中期にかけては縦に、収穫期近くには横に裂根しやすくなります。原因としては肥料のカリ不足、夏場の乾燥時期の過度な水やりが考えられます。追肥は早め早めに行うようにし、土中の水分量を急激に変化させないようにしましょう。

肥大初期から中期にかけて発生しやすい。

横割れ

収穫期に発生しやすい。

Q・頭がとがったキャベツができた!

A・「球内とう立ち」という状態です。

秋まき春どり栽培のキャベツで、冬の低温に合う前に育ちすぎて花芽が分化してしまい、春に球内でとう立ちが起こっている場合があります。

球内とう立ち

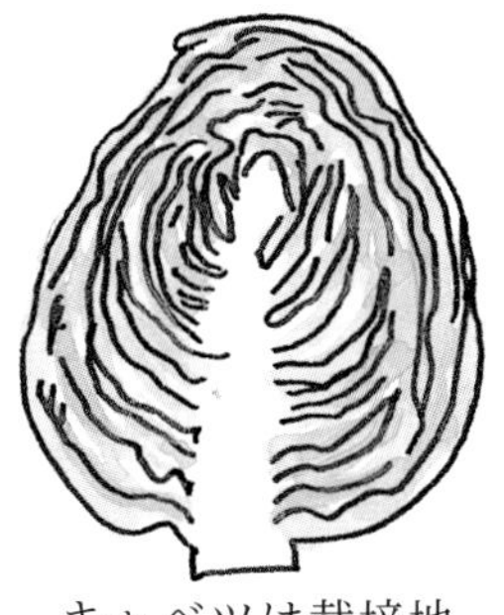

キャベツは栽培地域の気候に合った品種選びを。

Q・地面に近い茎と葉が腐敗して悪臭を放っています。

A・軟腐病という病気にかかっています。

土の中の細菌が入り込んだことによる病気です。キャベツ、ハクサイ、レタスなどの結球野菜に多く発生し、葉や茎が軟化し、異臭を放つようになります。地面に近い外葉や茎から発生し始め、やがて全体を腐敗させます。土壌を介して伝染するので、すぐに株を抜き取り処分します。

コマツナ

Q・葉が黄色い!

A・肥料不足です。

コマツナは通常緑色ですが、肥料が不足すると黄色くなっていきます。葉の先端やまわりが黄色くなっていたらカリ不足、全体が黄色かったらチッソ不足、葉脈の間の色が薄くなっていたらマグネシウム不足が考えられます。葉をよく観察して追肥(ついひ)してください。

葉の色を見て足りない栄養を追肥で補おう。

Q・発芽がふぞろいになってしまう!

A・水分不足、まき溝が平らでないなどが考えられます。

コマツナは乾燥に弱いので、水分が足りないと発芽がふぞろいになることがあります。また、まき溝が平らでない、覆土(ふくど)の厚さが一定でないときも発芽が不揃いになります。

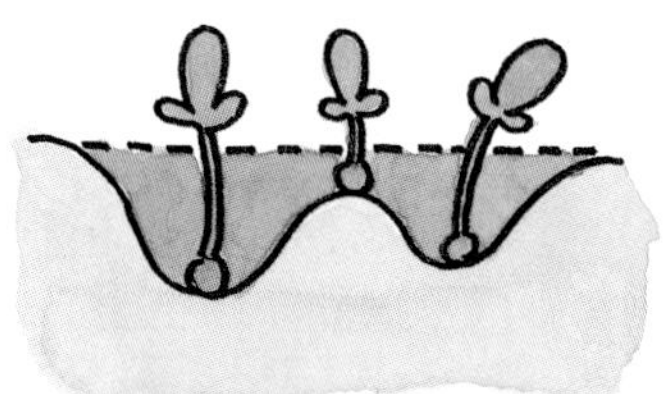

まき溝が凸凹していると、覆土の量に違いが出て発芽が不揃いになる。

覆土の厚さが一定していないと、低いところに水がたまり、その箇所の発芽が遅れる。

シュンギク

Q・霜対策はどのようにすればいいですか?

A・ビニールトンネルや不織布(ふしょくふ)べたかけで防寒します。

シュンギクは寒さには強いものの霜にあたると葉が黒くなって枯れてしまいます。寒冷地で秋まきにする場合は、霜対策を施しましょう。やり方としては、換気孔をあけたビニールでトンネルを作る、または不織布をべたかけして、株全体をおおいます。

内部が高温になりすぎるととう立ちするので、上部に換気孔をあけておく。

ビニールほどではないが、保温効果にすぐれ、霜よけ対策になる。

●ニンジン

Q・根が太くならないのはなぜですか？

A・肥大期に水が足りなかったのかもしれません。

ニンジンは本葉(ほんよう)が２～５枚のころが肥大期です。この時期は土が乾燥しやすいので、しっかり水やりをすることで、太い根に成長させることができます。ただし、肥大期後半に水をやりすぎると根の色が悪くなるので注意しましょう。また、雑草に栄養をとられて太くならないこともあるので、除草はこまめに行います。

肥大し始めたら水やりをたっぷりし、後半は控えめにする。

●ダイコン

Q・すが入らないようにするのはどうしたらいいですか？

A・収穫時期を逃さないようにします。

すが入る原因は、熟しすぎてしまうことにあります。収穫は適期に行いましょう。また成育後期に温度が高かった、チッソ・カリ肥料が多すぎた、軽い土で栽培したなども、すが入る原因になります。

す入りダイコンの確認方法

根元から2㎝程度のところで茎葉を切る。切った茎葉の断面を見て、すが入っていたら根にもすが入っている。

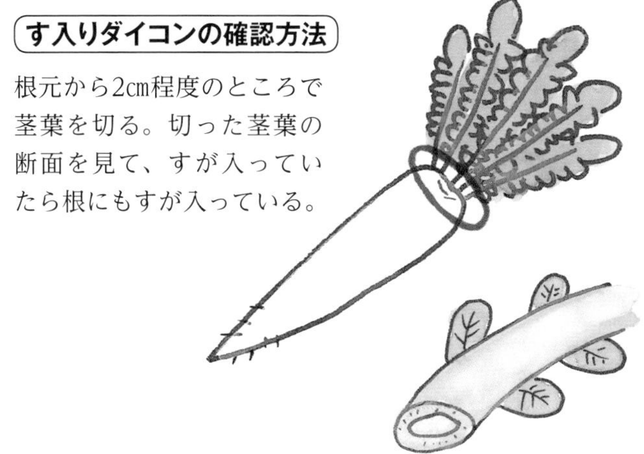

Q・収穫したダイコンの置き場所がありません！

A・収穫したダイコンは、土の中で保存できます。

深さ50㎝程度の穴を掘り、ダイコンを並べてむしろをかけます。その上に土を20～30㎝かけ、目印の棒などを立てておきます。

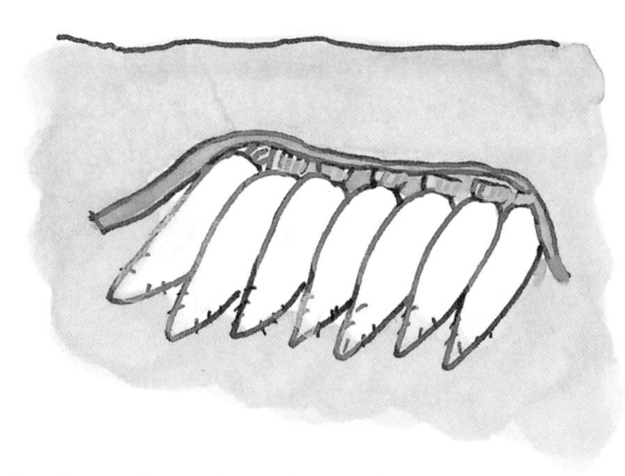

土の中は温度も一定で、冬でも霜で凍ってしまうことがない。

ブロッコリー

Q・花蕾が大きくならない!

A・栄養不足、低温などの原因が考えられます。

「ボトニング」という現象で、栄養不足や低温などで、花蕾の肥大に必要な葉数がそろう前に花芽分化してしまうことによって起こります。ボトニングを起こさないためには、種まきの適期を逃さないこと、十分な肥料を施すことが大切です。

株が小さいうちに低温に当ててしまうと小さい花蕾ができてしまう。

株が大きくなっても低温に当たらないと花蕾がつかないことがある。

Q・わき芽をたくさん収穫したい!

A・側花蕾兼用種を栽培します。

側花蕾兼用種の場合、中心の花蕾を収穫すると、その下の葉と主枝の間から次々とわき芽が出てきて収穫を楽しめます。追肥と土寄せを続けましょう。

ブロッコリーは次々とわき芽が出てきて長い間収穫が楽しめる。

ホウレンソウ

Q・葉が黄色くなってきた!

A・土が酸性になっていることが考えられます。

ホウレンソウはpH(酸度)５以下の酸性土壌になると成育が止まり、葉が黄色くなって枯れることがあります。そのため、種をまく前に土に苦土石灰を多めに施して、中性～アルカリ性(pH７～８)にしておくことが必要です。土壌酸度計は園芸店で購入できます。

なお、酸性土壌になっている場合、リン酸が不足しているので、追肥でリン酸肥料を施すようにします。

酸度のチェック法

①土を混ぜて蒸留水を加える。

②よく混ぜる。

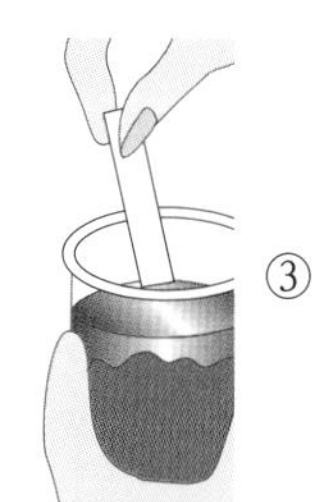

③pH試験紙を浸す。

④数値が小さくなるほど酸性。

Q • 寒冷紗と不織布、どんな違いがありますか?

A • 寒冷紗は綿を粗く平織りにした薄い布で、不織布は化学繊維を重ねてつくった布です。

寒冷紗は温度を下げる冷温効果があり、春夏野菜の風よけ、保湿、虫や鳥よけになります。また、秋冬野菜を8～9月に植えるときに地温が暑くなりすぎないように日光をさえぎる役目もします。不織布は保温効果があり、寒い時期の成長促進、霜よけ、鳥よけになります。2つの布の特徴をいかし、効果的な使い方をするようにしましょう。

どちらのトンネルも、害虫や鳥からの害を予防するのには有効。

Q • 追肥のコツを知りたい!

A • 根が伸びる先に与えることです。

固形の追肥を与えるときは、株元ではなく根が伸びていく先の辺りの土を掘って与えます。根が栄養を求めてさらに伸びて、株が成長します。液肥の場合は水やりも兼ねて株元に与えます。即効性があるため、株が弱っているときなどに向いています。

1回目の追肥は株の周囲に、2回目以降は根が伸びる先を予測してまく。

Q • 肥料の3大要素、チッソ、リン酸、カリの働きを教えてください。

A • チッソ(N)は「葉肥え」といわれ、葉や茎を育てます。リン酸(P)は「実肥え」といわれ、花や実を成長させます。カリ(K)は「根肥え」といわれ、根の発達をうながします。

市販の肥料にはこのN、P、Kの割合が表示されています。土の状態や野菜の種類によって選ぶようにしましょう。

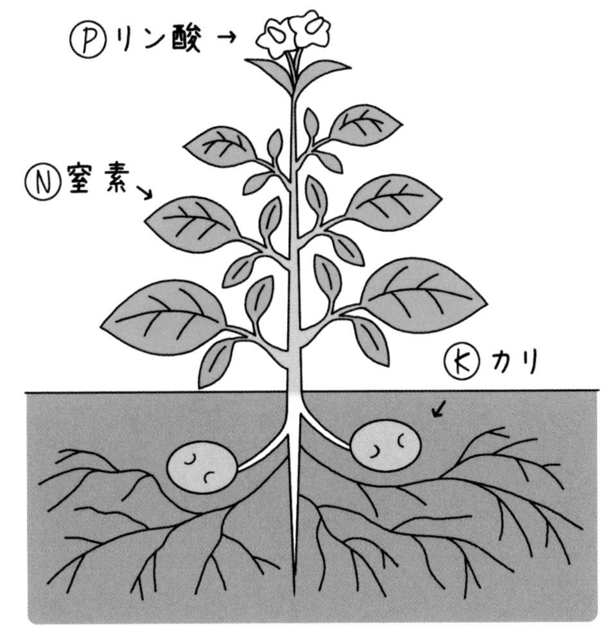

Q・種まきの時期で収穫量が変わるって本当?

A・それぞれの発芽適温に合わせてまくことが収穫量のアップにつながります。

野菜には発芽適温があり、その範囲を越えてしまうと芽が出にくくなります。芽が出たとしても、病気になりやすかったり、実が大きくならなかったりします。種まきをする前に、種袋などを確認して、それぞれの野菜の発芽適温をチェックしておきましょう。

品　目	発芽適温
インゲン	23～25℃
エダマメ	20～30℃
オクラ	25～30℃
カボチャ	25～30℃
キュウリ	25～30℃
スイカ	25～30℃
ズッキーニ	25～30℃
トウモロコシ	20～30℃

品　目	発芽適温
トマト	20～30℃
ナス	25～30℃
ニガウリ	25～30℃
ネギ	15～20℃
ラッカセイ	20～30℃
ピーマン	25～30℃
カブ	20～25℃
キャベツ	15～30℃

品　目	発芽適温
コマツナ	20～30℃
シュンギク	10～20℃
ダイコン	15～30℃
タマネギ	15～20℃
ニンジン	15～25℃
ハクサイ	18～22℃
ブロッコリー	20～25℃
ホウレンソウ	15～20℃

※品種によって異なる場合もあるので、種袋などに書かれている情報を確認してください。

Q・種の皮が固く水を吸いそうにもない!

A・種まきする前に芽出しをします。

1日水に浸けたあと、湿らせたキッチンペーパーなどに包んで置いておきます。数日後、わずかに芽が出たら、土にまきます。

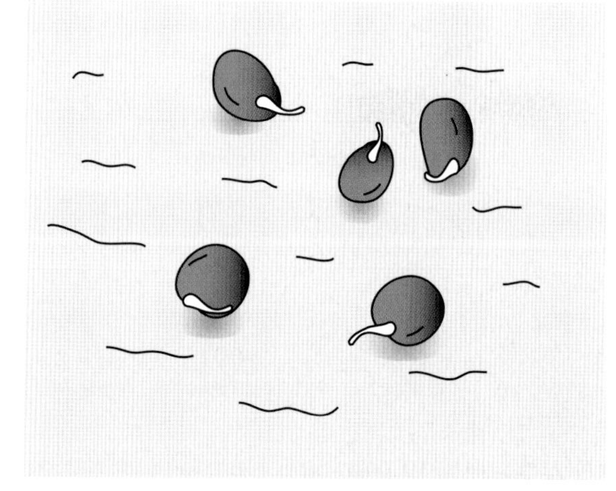

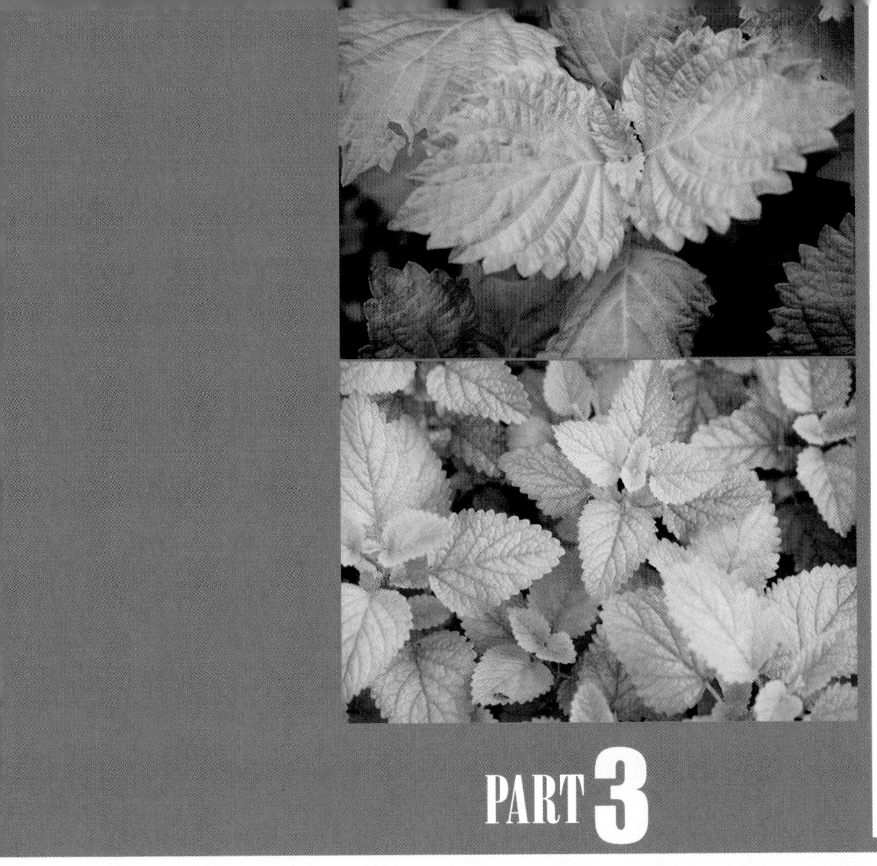

PART 3

ハーブを育てる

ハーブは食卓を豊かにし、暮らしに心地よさを運んでくれる植物です。
丈夫で育てやすいものが多く、畑の隅や小さなプランターでも
手軽に栽培できるのも魅力です。

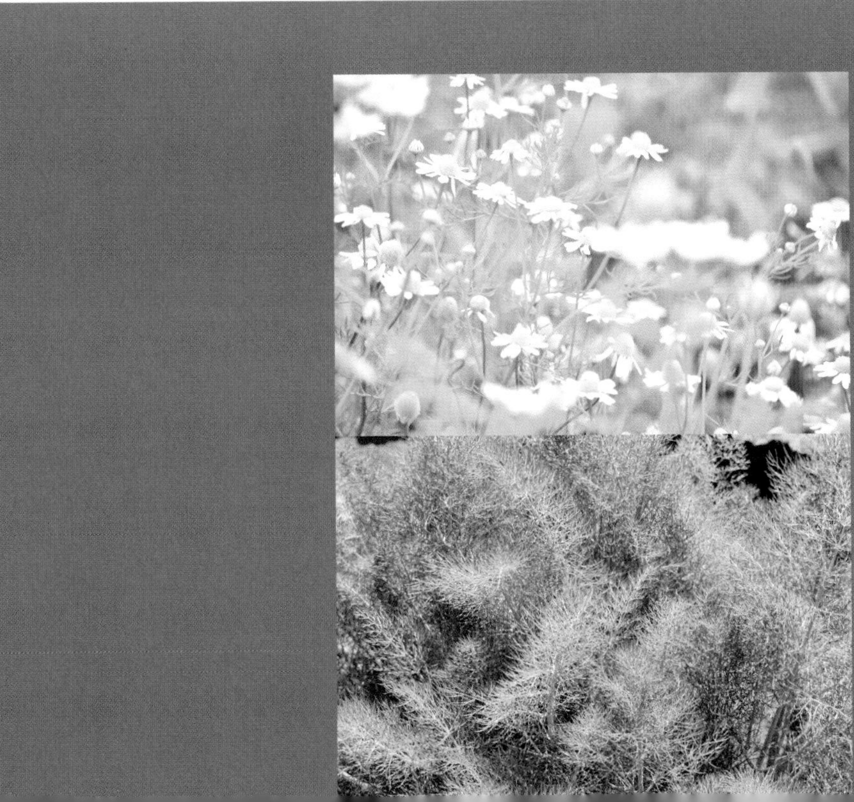

パセリ【セリ科】

植えつけ時期 4～7月　収穫 8月～翌4月

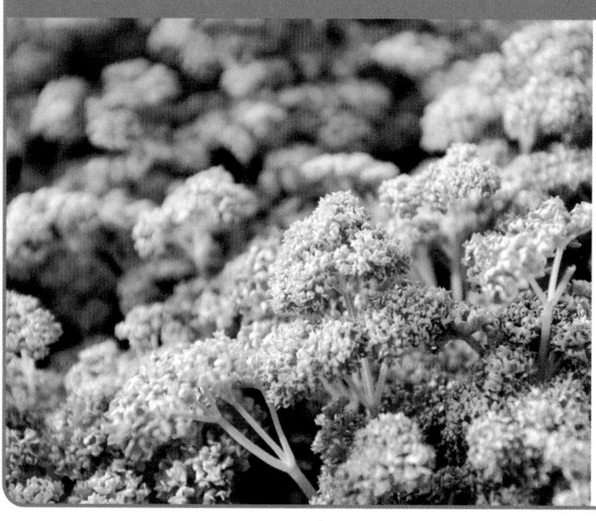

独特の香りと鮮やかな濃い緑の色は、少し添えられているだけでも味や見た目のアクセントに。必要な分だけ外側の葉から収穫しながら使えば、長い期間楽しむことができます。

- 苗で複数植える場合は、株間を30cmとる。
- 2週間後に化成肥料を追肥する。その後は2週間ごとに化成肥料を与える。追肥後は土寄せする。
- 本葉が10枚以上になったら混み合っているところから間引きを兼ねて収穫する。
- P 水分が不足すると葉が黄色くなるので、土の表面が乾いたらたっぷり水やりする。

シソ【シソ科】

植えつけ時期 4～5月　収穫 6～10月

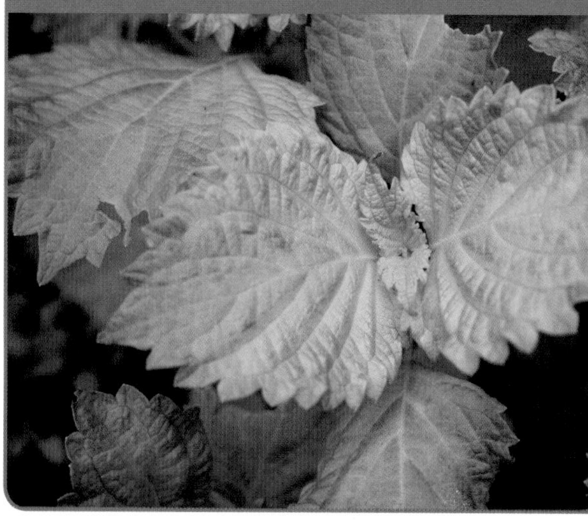

大葉とも呼ばれ、殺菌効果があることからお刺身には欠かせないハーブです。葉だけでなく穂ジソも薬味として楽しむことができます。

- 種はまく前日に水に浸す。地植えの場合は筋まきし、ごく薄く土をかぶせる。
- 本葉が4～5枚になったら間引きし、株間30cm程度に調整する。
- 本葉10枚以上になったら下のほうから収穫する。
- P 株が小さいうちに収穫すると成育が弱まる。草丈30cmほどで摘芯すると、わき芽が出てきて収穫量が増える。

バジル【シソ科】

種まき（植えつけ）時期 4～5月　収穫 7～10月

イタリア料理には欠かせないハーブの1つです。フレッシュのままサラダやパスタに入れたり、ペーストにしてソースにしたりと幅広く使えます。

- 直径9cmの育苗ポットに2cm間隔で種をまく。底にあいた穴から水を吸わせる。好光性のため、ごく薄く土をかぶせる。
- 子葉が開いたら間引きし、本葉3～4枚のころに株間30cmで植える。
- 草丈15cm、本葉7～8枚になったら収穫する。また花芽が出たら早めに摘み取るとわき芽が出てきて収穫量が増える。
- P 主枝の先端を摘芯する。3回ほど繰り返すと収穫量が増える。

ローズマリー【シソ科】

植えつけ時期 4～5月　収穫 通年

一年中緑の葉を楽しめて、近年は美容効果や脳の働きをよくするといわれている注目のハーブです。２年目から枝が木質化して大株になるので、剪定しながらの収穫が欠かせません。

- 苗からスタートが一般的。日当たりと風通しのよい場所に植える。
- 湿気を嫌うため、植えつけ時に水をたっぷりやった後は、土の表面が乾いたら水やりをする。
- 株が育ってきたら、枝の先を７～８㎝切り取って収穫する。
- P 通年に渡って収穫できるが、春先～夏は成育がよく樹形が乱れがちになるので、こまめに収穫するとよい。

ミント【シソ科】

種まき時期 3～6月　収穫 4～10月

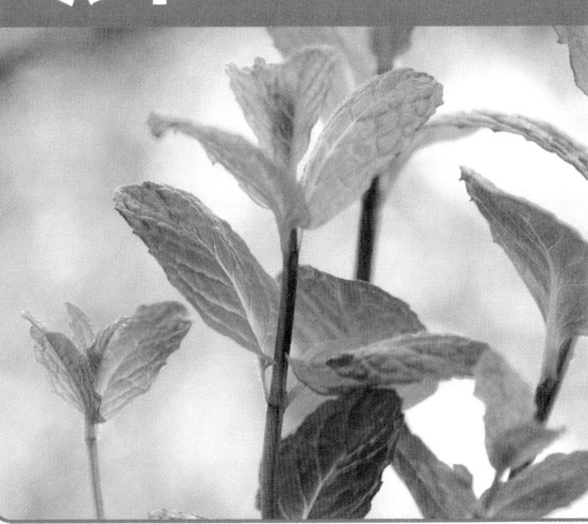

清涼感のある香りが特徴で、菓子やお茶、カクテルなど幅広く活躍します。また種類も多く、さまざまな葉の色や形、香りを楽しめます。繁殖力旺盛で育てやすいハーブです。

- 風通しがよく、やや湿った場所に種をまき、薄く土をかける。地下茎やランナーで増えていくため、繁殖させたくない場合は鉢にまく。
- 乾燥を嫌うため、土が乾いたらたっぷり水やりをする。草丈約20㎝になったら主枝の先端を摘芯する。
- わき芽が出てきたら、わき芽の先端を摘芯を兼ねて収穫する。
- P 鉢植えの場合は、草丈が伸びすぎないように適宜こまめに収穫し、飛び出したランナーは鉢内に納めるようにする。

タイム【シソ科】

植えつけ時期 3～5月・9～11月　収穫 通年

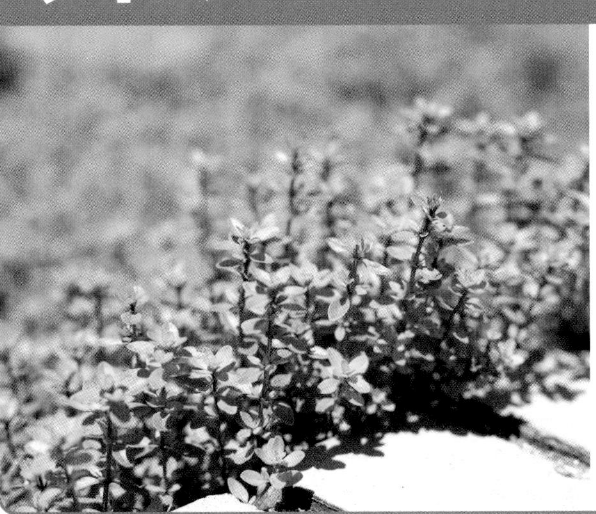

肉や魚の臭み消しや煮込み料理のブーケガルニとして使われるハーブで、抗菌、殺菌、抗ウイルス、疲労回復などの効能があります。お茶や入浴剤にも利用できます。

- 苗からスタートが一般的。水はけがよくなるように、株元の土が少し高くなるように植えつける。
- 肥料はほとんど必要ない。湿気を嫌うため、梅雨の時期などは、葉が混み合ってきたら枝を切って通気性を改善させる。
- 葉がある間は常に収穫できる。長く伸びた下葉から茎ごと収穫する。
- P 根の成長が早いため、鉢の場合は、鉢底から根が伸び出したら、一回り大きい鉢に植え替えるか、株分けをする。

セージ【シソ科】

植えつけ時期 3～6月・9～11月 収穫 3～11月

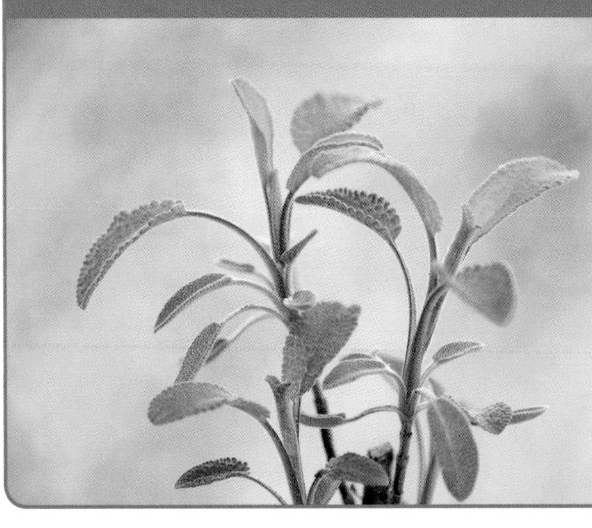

ローズマリーとともに抗酸化作用を持つハーブとして知られています。肉や魚の臭み消し、ソーセージの風味づけ、オイルやビネガーの香りづけなどにも活躍します。

- 苗からスタートが一般的。日当たりと水はけのよい場所に植えつける。
- 1年目は主枝を摘芯してわき芽を増やす。追肥は2カ月に一度の割合で施す。2年目以降に、混み合った枝を間引くように収穫する。
- 草丈30㎝以上になったら若い葉から収穫する。特に開花直前は香りが強く、収穫時期としておすすめ。
- P 乾燥に強く多湿に弱いので、水の与えすぎに注意する。梅雨の時期は蒸れるので、こまめに収穫し風通しをよくする。

レモンバーム【シソ科】

植えつけ時期 4～5月・9～10月 収穫 4～10月

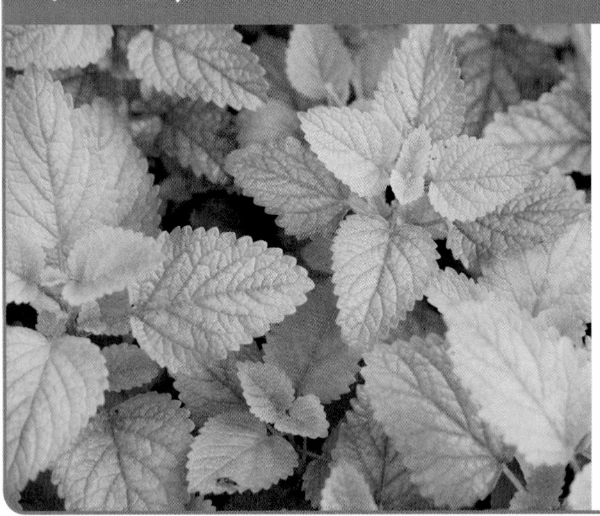

レモンの香りがさわやかでリラックス効果があります。ハーブティーやハーブバスに利用したり、ドリンクやケーキに添えたり……。エスニック料理でも活躍します。

- 地植えで複数植える場合は、株間を30㎝とる。
- 夏場は土が乾く前に水やりする。枝は混み合う前に剪定し、蒸れを予防する。
- 主枝が30㎝以上になったら、枝ごと収穫する。開花直前が最も香りが高い。
- P 下葉を残して収穫すれば、新芽が出てきて収穫量が増える。花にはミツバチが寄ってきて、他の作物の自然受粉を助ける。

イタリアンパセリ【セリ科】

植えつけ時期 3～7月・9～10月 収穫 7～10月・1～5月

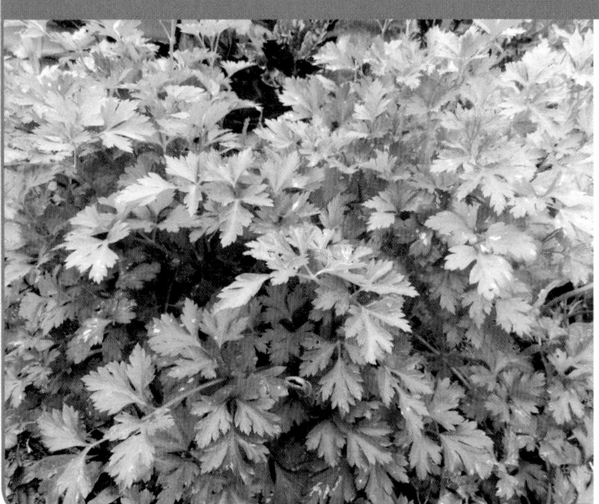

パセリよりも香りが強いものの味はクセがないので、料理に幅広く使えるハーブです。肉料理、魚料理、スープの風味づけ、生葉はサラダに入れても美味。

- 地植えで複数の株を植える場合は、株間を20㎝とる。水はけがよくなるように、株元の土が少し高くなるように植えつける。
- 半日陰でもよく育つ。風通しのよいところに置き、土が乾く前に水を与える。
- 葉が10枚以上になった外葉から収穫していく。
- P 花が咲くと葉が固くなるので、花芽を見つけたらすぐに摘み取るようにすると長く収穫が楽しめる。

オレガノ【シソ科】

植えつけ時期 4～5月　収穫 3～10月

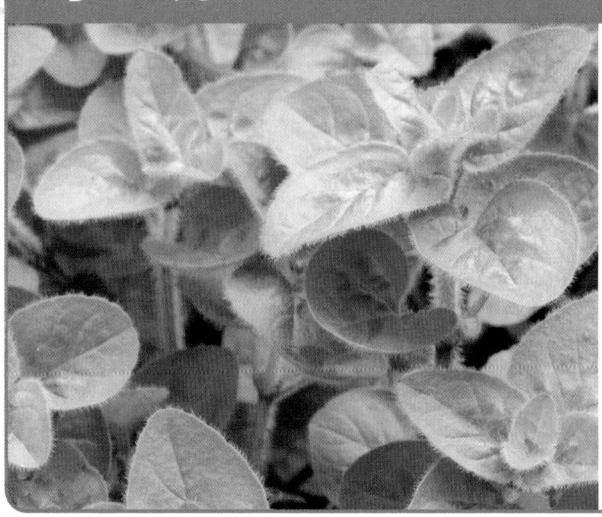

トマトとの相性がよく、ピザソースやトマト料理には欠かせない食材です。消化促進効果や頭痛などの痛みを和らげる効果があるといわれ、古くから薬用に使われてきました。

日当たりがよく水はけのよい場所に植える。鉢植えは深鉢を選び、鉢底石を多めに入れてから水はけのよい土に植える。

乾燥ぎみに育てるのがポイント。地植えは乾燥がよほど続かなければ水やり不要。鉢植えは土の表面が乾燥してから与える。

６～９月の開花期が最も香りが強いので、株元５㎝程度を残して収穫する。

P 蒸れに弱いので、梅雨～夏はこまめに収穫して枝を切り戻し、風通しをよくしておく。

カモミール【キク科】

植えつけ時期 4月・10月　収穫 4～11月

人気のハーブティーは、甘いリンゴの香りのかわいい花を生のまま、あるいは乾燥させて楽しみます。リラックス効果があり、体を温めてくれます。

初心者は秋植えがおすすめ。地植えは日当たりと風通しのよい場所に植えつける。

土の表面が乾いたらたっぷり水をやる。春先はアブラムシがつきやすいので、見つけたら早めにブラシなどで取り除く。

花の中心が盛り上がり、花びらが垂れ下がったころが、最も香りがよく収穫適期。晴れた日の午前中に摘み取る。

P 日当たり、風通しがよくないとアブラムシが発生しやすいので注意する。

キャットニップ【シソ科】

植えつけ時期 4～5月・9～10月　収穫 4～10月

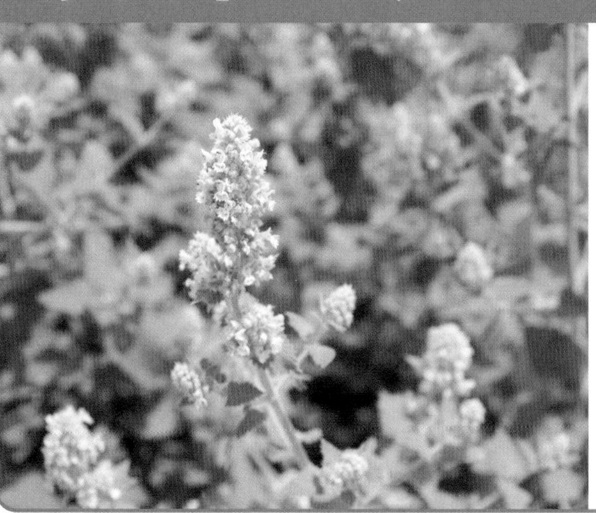

西洋マタタビという別名を持ち、ハッカ系の強い香りを猫が好みます。葉を乾燥させてつくるハーブティーは、不眠予防、風邪予防、消化促進効果などがあるといわれています。

地植えは、日当たり、水はけのよい場所に植えつける。

土の表面が乾いたら、水をたっぷり与える。

成長力が旺盛なため、枝が混み合ってきたら、収穫を兼ねて枝を切り風通しをよくする。

P 寒さに強く越冬するので、春になったら前年の古い枝を切って整理すると新芽が伸びる。一度植えるとこぼれ種で増えていく。

キャラウェイ【セリ科】

種まき時期 4～5月・9月　収 穫 3～10月

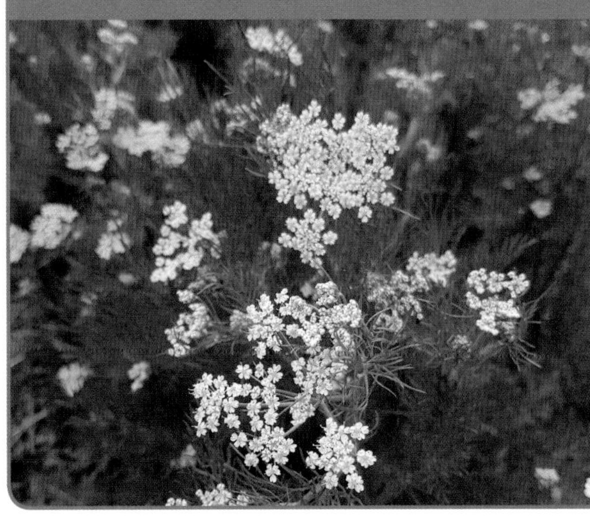

ほのかな甘みと独特の香りのある種は、消化を助けるといわれ、古くから料理やパン、お菓子などに利用されてきました。若葉や花はサラダやスープ料理に活躍します。

- 根が深くまっすぐに育っていくので、土をなるべく深いところまでやわらかくほぐして筋まきにする。鉢植えは深鉢を選ぶ。
- 発芽したら間引きしながら育て、株間が30～40㎝になるようにする。乾燥が続く季節はときどき葉にも水をかけてハダニを予防する。
- 花が終わって茶褐色になったら、株の根元から刈り取り陰干しして種をとる。
- P 移植を嫌うので、種を地面や鉢の土に直接まく。苗から育てる場合は、根鉢（ねばち）をくずさずに、根を傷めないように植え込む。

マーシュ【オミナエシ科】

種まき時期 9～10月　収 穫 11～3月

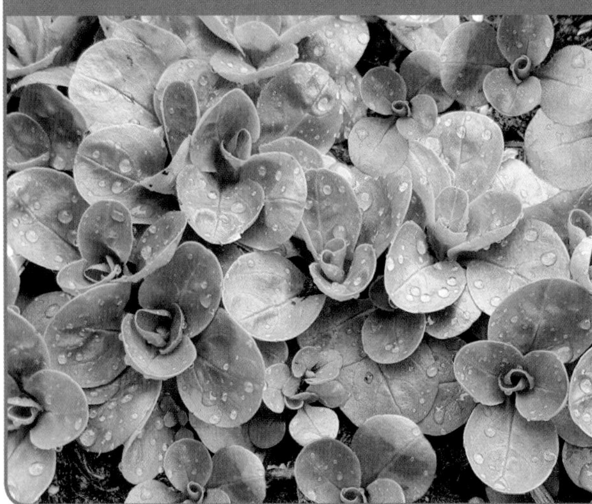

コーンサラダとも呼ばれ、クセのないやわらかな葉は主にサラダに好まれます。寒さに強いので、寒冷地以外は秋まきにすると冬の間中収穫が楽しめます。

- ２週間おきに２～３回に分けて、バラまきにする。
- 発芽したら、株が混み合っているところを間引きする。
- 本葉（ほんよう）が５～６枚になったら、混み合ったところを間引きながら収穫する。花が咲くと葉が固くなるので、開花前が収穫適期。
- P 湿気を嫌うので水のやりすぎには気をつける。寒さに強いが寒冷地は鉢植えで育て、冬は霜の下りない場所に移動させる。

コリアンダー【セリ科】

植えつけ時期 3～4月・9～10月　収 穫 3～7月

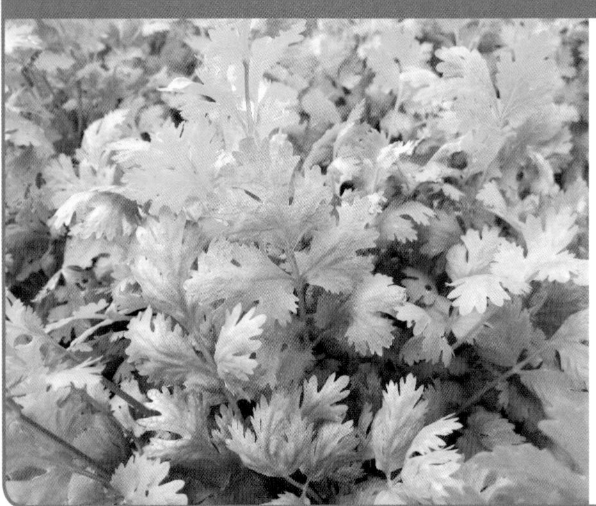

エスニック料理に欠かせないハーブです。パクチー、シャンツァイ、コエンドロ（和名）という呼び名でも知られています。種もカレーなど煮込み料理などに利用できます。

- 根が深くまっすぐに育っていくので、土をなるべく深いところまでやわらかくほぐして筋まき、または点まきにする。鉢植えは深鉢を選ぶ。
- 発芽したら順次間引きし、株間を約15㎝にする。
- 草丈（くさたけ）20㎝ぐらいから収穫可。花が咲くと固くなるので、つぼみは早めに摘み取る。種をとりたい場合は、花を残して秋に収穫する。
- P 湿気を嫌うので、地植えはよほどの乾燥が続かないかぎりは水やり不要。

チャービル【セリ科】

種まき時期 3～4月・9～10月  収 穫 5～6月・10～11月

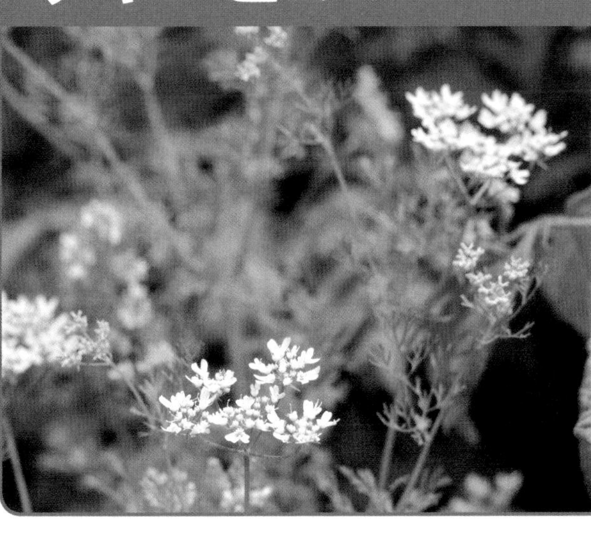

セルフィーユとも。パセリと同じセリ科ですが、風味がやさしく、ほのかに甘い香りがします。サラダやスープ、卵料理、肉・魚料理の風味づけ、ケーキの飾りなどに使われます。

- 地植えの場合は、夏は直射日光を避けた明るい日陰に種を10cm間隔で数個ずつ点まきする。
- 混み合ってきたら間引きし、それぞれ１株ずつにする。水は切らさないようにする。
- 発芽から１～２カ月経過し、草丈が約20cmになったら若葉を摘んで収穫する。
- P 苗から始める場合は根鉢をくずさないようにして植え込む。種ができると枯れるので、花茎が伸びてきたらすぐに摘み取る。

フェンネル【セリ科】

種まき時期 3～4月・9～10月 収 穫 3～11月

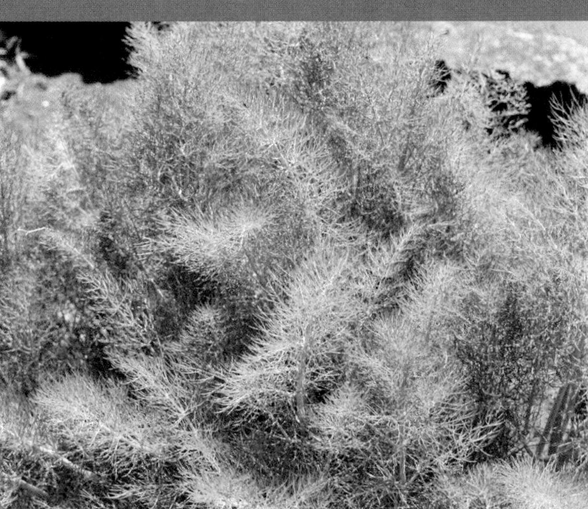

糸のように細い葉が特徴。さわやかで、ほのかな甘みのある香りがして、スモークサーモンをはじめ、魚料理との相性が抜群です。種もスパイスとして利用できます。

- 大きく育つので土は深めにたがやす。約50cm間隔で数粒ずつ種を点まきする。
- 発芽したら順次間引きし、最終的に１カ所、１株にする。
- 大きくなったら、やわらかい若葉を収穫する。夏に咲く花もサラダになる。花柄が茶褐色になってから摘み取り、乾燥させると種がとれる。
- P 乾燥を好むので、地植えは乾燥が続いたときのみ水やりする。冬になると地上部が枯れてしまうが、根は生きていて翌春、新芽を出す。

レモングラス【イネ科】

植えつけ時期 4～6月 収 穫 5～10月

草丈２mほどのイネ科独特の細い葉をダイナミックに茂らせます。名前のとおりレモンのようなさわやかな香りがし、お茶やエスニック料理の香りづけに重宝されるハーブです。

- 苗からスタートが一般的。複数植える場合は株間60cmとる。鉢植えは深鉢を選ぶ。
- 土が乾いたらたっぷり水を与える。
- 本葉が15枚以上になったら、株元から10cm程度残して切る。新しい葉が出てきて、秋まで２～３回収穫できる。
- P 肥料が多いと葉がよく茂るため、元肥以外にときどき追肥も与えるとよい。

困った! そこが知りたい ハーブ編

「野菜よりも育てやすい」といえども、育てているうちに、
いろいろな疑問やトラブルが出てくることもあります。
また、ちょっとしたコツも知っていると役立ちます。

Q・種から育てるのは難しいですか？

A・苗からのほうがかんたんですが、種から育てたほうがいいハーブもあります。

初心者は苗から育てるほうがかんたんですが、移植を嫌うハーブは種から育てるのをおすすめします。本書では、苗から育てるのがおすすめか、種が入手しづらいハーブは、苗から植えつける方法で紹介し、種からでもかんたんに育てられるか、種から育てたほうが丈夫に育つハーブは、種をまいて育てる方法で紹介しています。

バジルは種から始めても苗から始めても、育てやすいハーブ。

Q・植えつけのコツはありますか？

A・乾燥を好むハーブは畝の土を高くして育てます。

種まき、植えつけの基本は野菜と同じです（P.108～109）。乾燥を好むハーブは株元の水はけをよくするために、畝を高くして育てます。

Q・一緒に植えた他の植物の元気がない！

A・ハーブが成育を妨げている可能性があります。

ハーブの中には地下茎で繁殖する品種があります。例えばミントです。地下茎が伸びすぎて、近くに植えられた植物の成育を妨げてしまっていることが考えられます。レンガやブロック、トタン板などで根を囲み、仕切るようにしましょう。また、フェンネルはトマトや豆類の成長を阻害するといわれています。トマトや豆類の近くに植えないようにします。

Q・収穫に適した時間はありますか？

A・晴れた日の朝～午前中の間がベストです。

晴れた日の朝、または午前中の間に収穫すれば、切り口が乾きやすく、病気の侵入を予防できるからです。また、茎の傷みを防ぐために、よく切れるハサミを使うことも大切です。

午前中に摘み取ることで、切った断面が早く乾いて病害虫がつきにくくなる。

Q・ハーブを長く収穫するコツはありますか？

A・一度に収穫しすぎないこと、花芽を摘み取ることがポイントです。

葉の上のほうの外側の茎から収穫するようにします。また花芽を見つけたらすぐに摘み取るようにしましょう。

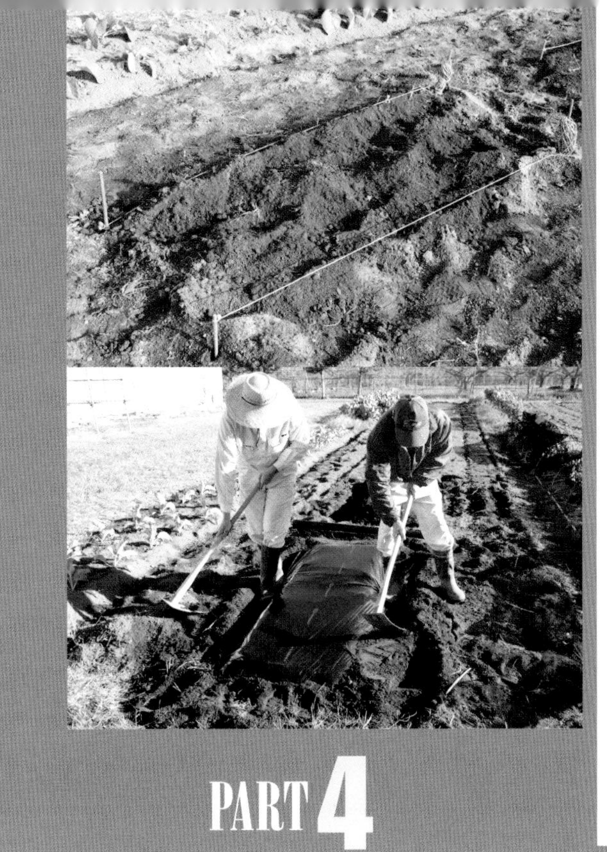

PART 4 栽培の基本

どの野菜でも土づくり～種まき、
多くの管理作業は共通しています。
基本を押さえておけばどんな野菜にも応用することができます。

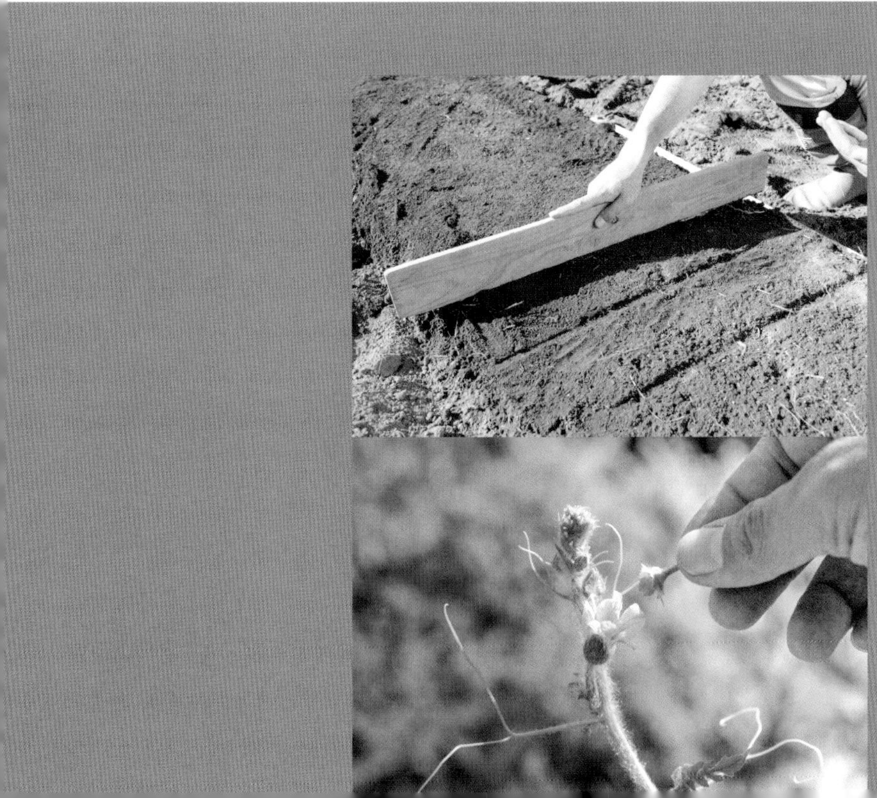

一坪で野菜を育てるために

一坪では畝の方角と植えつける野菜の高さを考えて栽培します。

数種類野菜を育てる

一坪はおよそ3.3㎡、畳(たたみ)2畳(じょう)分のスペースがあります。一坪の中には、中央に40㎝の通路を入れて、およそ幅70㎝、長さ180㎝の畝(うね)が2本つくれます。トマトであれば、このスペースで16株育てることができますが、4株くらいあれば1家族で十分な量ができるでしょう。一坪菜園では、色々な野菜を楽しめるよう数種類植えましょう。

また、野菜を数種類育てることは、病害虫のリスクを分散します。病害虫の被害が出た場合、同じ野菜だと被害が拡大して全滅することがあります。しかし、数種類育てていれば被害を受けた、1種類の野菜が全滅しても、ほかの野菜は被害を免れることができます。

日当たりをよくする

一坪菜園で野菜を育てるためには、はじめに栽培スペースの環境を知っておくことが大切です。多くの野菜は日当たりのよい場所を好みます。このため、一坪のスペースに効率よく日が当たるように、植えつける野菜の高さや葉の広がりを考えます。

基本的に畝は南北につくり、全体に日が当たるようにします。北側に草丈の高い野菜を植え、南側は低い野菜を植えるとさらによいでしょう。また、東側の畝は、西側の畝の日当たりをよくするために、背丈の低い野菜を選びましょう。東西に畝をつくる場合は、北側の畝には日が当たらないので、北側の畝に草丈の高い野菜を、南側の畝に低い野菜を植えます。

畝は2本つくる

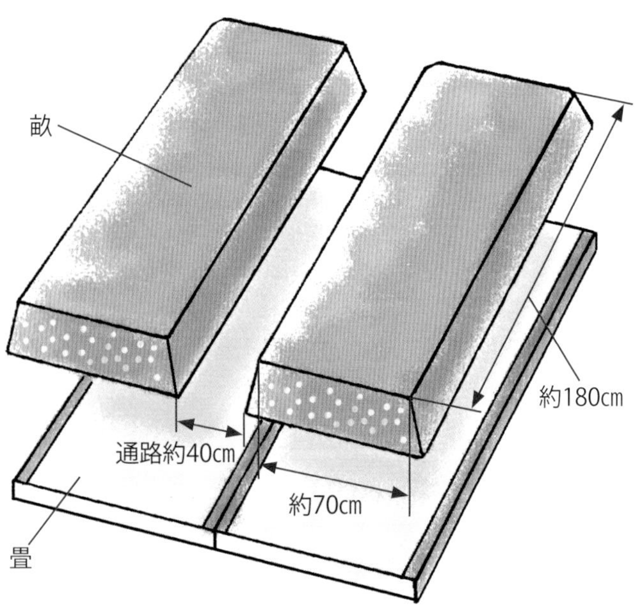

1坪＝畳2畳分の中にはおよそ幅70㎝、長さ180㎝の畝2本をつくることができる。基本的に南北方向に畝をつくる。

日当たりを考える

南北につくった畝は、草丈の高いものを北側に、南側に低いものを植え、すべての野菜に光が当たるようにする。また、東側の畝は草丈の低い野菜にするとさらによい。

栽培プランを考える

連作障害を防ぐために畝を区分けして、ローテーションで育てます。

連作障害を防ぐ栽培プランを

同じ科の野菜を同じ場所で連続して育てると、成育が悪くなる「連作障害」が起こります。連作障害は別の科の野菜を育てることで解消されますが、野菜によって休ませる期間（休栽期間）が違うため、トマトなどは4〜5年ほどつくれなくなってしまいます。そこで、栽培する場所を科ごとに区分けして、毎年ひとつずつローテーションして育てる「輪作」をします。

休栽期間が長いナスやトマトは4〜5年間同じ場所で栽培することができません。このため、畝2本をそれぞれ3つずつ、合計6つの区画に分けてローテーションすれば、元の場所に戻るまで6年かかるので連作障害を防ぐことができます。もちろん、休栽期間の短いネギやトウモロコシだけなら、1〜4つに区分けしてもよいでしょう。

連作障害を防ぐことを目的に、栽培プランを立ててから野菜を育て、ローテーションするときは日当たりを考慮して育てる野菜を決めましょう。

栽培プラン例

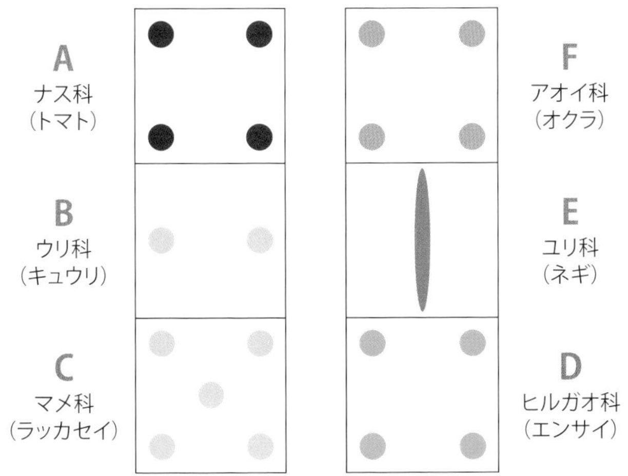

春1年目

各畝を6つに分割し、それぞれ科ごとに野菜を育てる。A〜Cは定番、D〜Fは毎年違う科の野菜を育てるスペースにしてもよい。定番野菜を増やすなら、Bを半分ずつにするなど畝を4〜5分割にし、5年目に別の野菜を育てるなどして調整する。

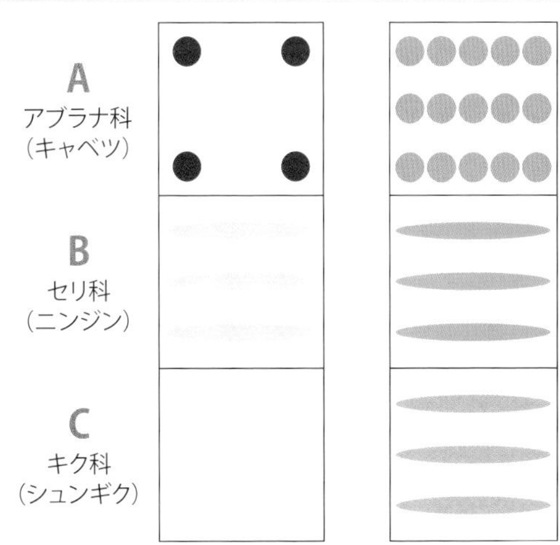

秋1年目

ほとんどの秋野菜は輪作で解消できる。アブラナ科は対角線上に育て、キャベツなど休栽期間が長いものは、3年目に別の科の野菜に変える。秋野菜の栽培開始時期に合わせて、春野菜の栽培を終わらせる。

畝のローテーション

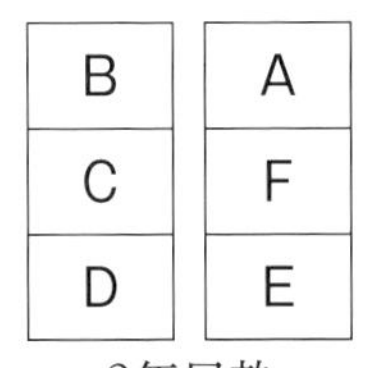

2年目畝

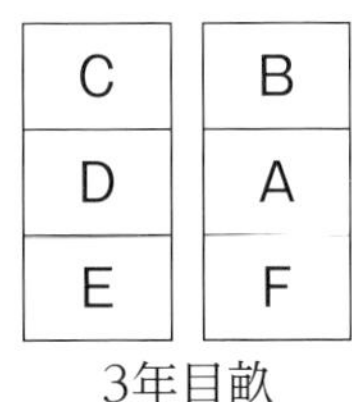

3年目畝

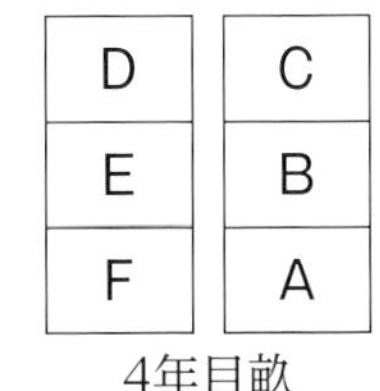

4年目畝

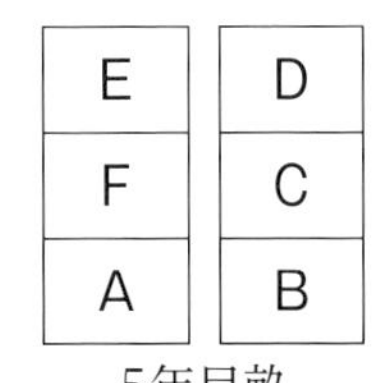

5年目畝

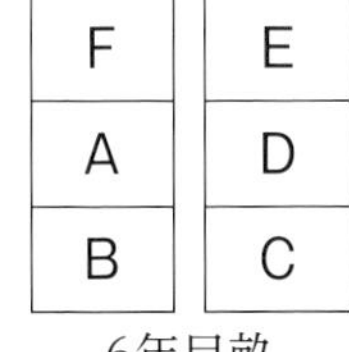

6年目畝

よい種、よい苗の見分け方

よい種、よい苗を選べば、管理の手間を減らし収穫量を増やすことができます。

●種選びのポイント●

在庫の回転が速い店で購入する

在庫が速く回転していれば、新鮮な種が並んでいる可能性が高くなります。信頼できる店は自然に客も多く、在庫の回転が速いものです。インターネットで購入する場合も同様です。

パッケージをチェックする

パッケージには、その種を育てるための情報がぎっしり記載されています。きちんとチェックすることで、失敗する確率を低くすることができます。インターネットで購入する場合も、種の情報がしっかり説明されているサイトを確認しましょう。

種のパッケージはここをチェック!

メーカーによって書かれ方が異なるので、しっかりチェックを。

まきどき・収穫どき
発芽や成育に必要な温度、まきどき、収穫どきを確認します。

有効期限
種まきを行う期限です。有効期限を過ぎると発芽率が落ちます。

発芽率
その種を有効期限内にまくとどのくらいの数が発芽するか、の目安です。

交配種と固定種

「●●交配」と記されている種は、成育が均等で病害虫への抵抗力が強くなるように交配された交配種です。F_1種とも呼ばれています。二代目以降は異なる性質が出てしまうため、基本的には一代限りの使用に限られています。一方、何も書かれていない、または「●●育成」と書かれているものは固定種です。何世代にもわたって選抜、淘汰されてきた改良種で、遺伝的に安定した種です。交配種に較べて育てにくい部分はありますが、種を自家採取することができます。目的に合わせて、また熟練度を考えて選ぶようにしましょう。

特徴
野菜の味や形の特徴、病害虫に強いかどうかなどの情報が書かれています。

●苗選びのポイント●

新鮮で元気な苗を選ぶ

種と同様、在庫が速く回転していて、新鮮な苗が並んでいる店で選ぶのが成功のポイント。インターネットで購入する場合も、新鮮で元気な苗かどうかしっかりチェックしましょう。

植えつけのタイミングで買う

苗は植えつけ適期に合わせて販売しています。購入しても放置してしまうと、新鮮ではなくなり、元気もなくなっていきます。植えつけできるタイミングに合わせて購入することも大切です。

苗はここをチェック!

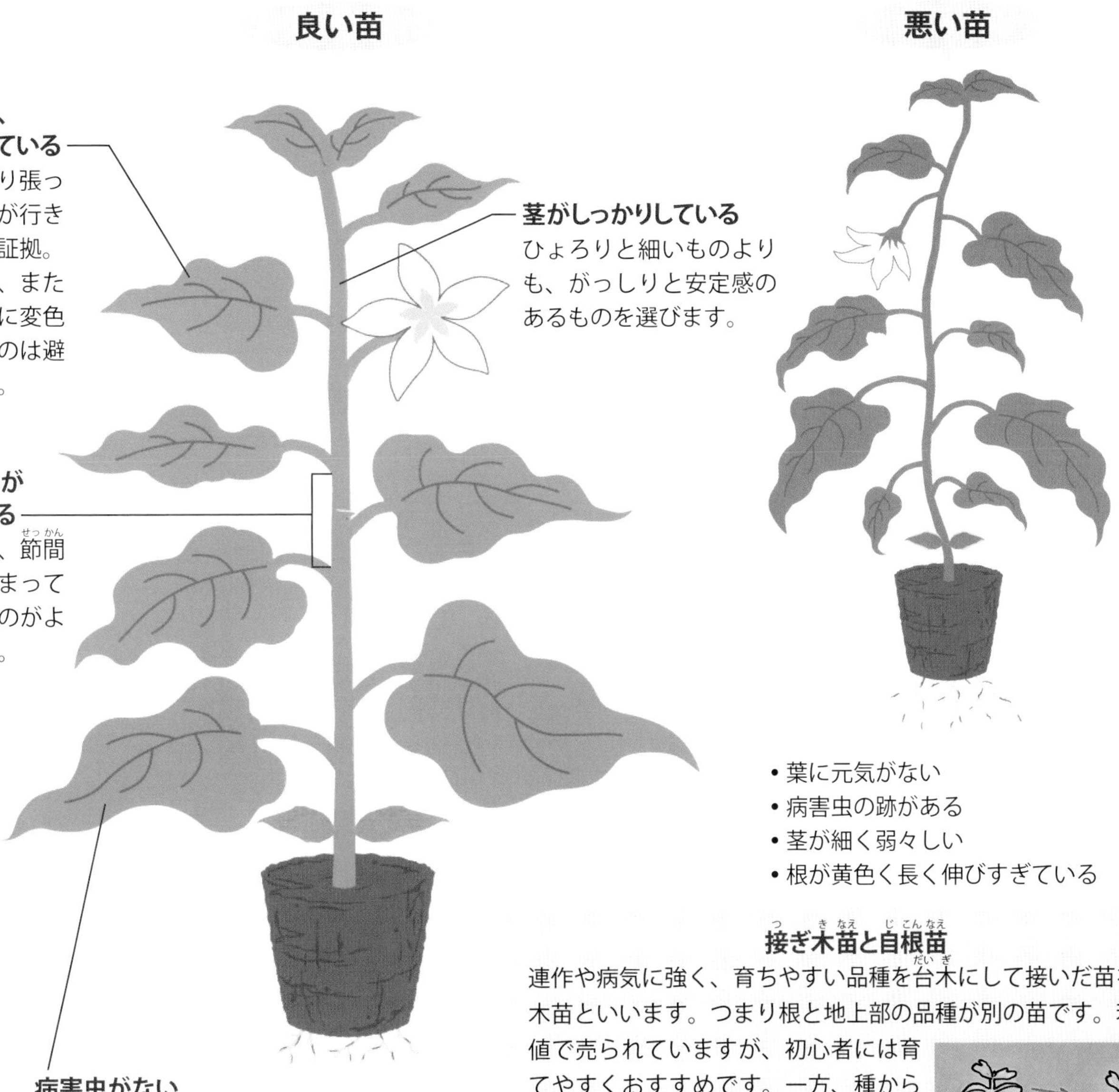

良い苗

葉色が濃く、いきいきしている
根がしっかり張っていて栄養が行き渡っている証拠。葉色が薄い、また茶色や黄色に変色しているものは避けましょう。

茎がしっかりしている
ひょろりと細いものよりも、がっしりと安定感のあるものを選びます。

節と節の間が詰まっている
葉と葉の間、節間(せっかん)が比較的詰まっていて均一なのがよい状態です。

病害虫がない
アブラムシがついていないか、病気はないかなど、葉裏などもしっかり確認しましょう。

悪い苗

- 葉に元気がない
- 病害虫の跡がある
- 茎が細く弱々しい
- 根が黄色く長く伸びすぎている

接ぎ木苗(つぎきなえ)と自根苗(じこんなえ)

連作や病気に強く、育ちやすい品種を台木(だいぎ)にして接いだ苗を接ぎ木苗といいます。つまり根と地上部の品種が別の苗です。若干高値で売られていますが、初心者には育てやすくおすすめです。一方、種から接ぎ木なしで育てた苗を自根苗といいます。接ぎ木苗よりも安価なので、複数植えたい方にはおすすめですが、耐病性や成長のスピードは接ぎ木苗より劣ります。

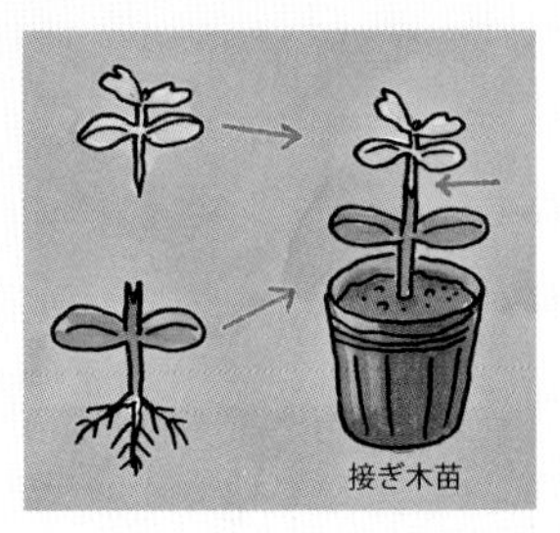

土づくり・畝づくり

種まき・植えつけの1週間前までに土づくりを済ませておきます。

土づくり後に畝をつくる

野菜は土づくりからスタートします。種まき・植えつけの2週間前までに、苦土石灰で土の酸度（pH）を調整します。その後、種まき・植えつけ1週間前までに、土の環境を改善する堆肥と、野菜の養分になる肥料を施します。

野菜は土の中の水に溶けた肥料を吸収します。土の酸度は「肥料の溶けやすさ」に関係し、適切な酸度は野菜によって違いますが、多くの野菜ではpH6.0くらいの弱酸性を好みます。土のpHは、ホームセンターで売られている酸度測定キットで調べて、石灰の量で調整しましょう。苦土石灰400g/㎡ほどでpHは1上がります。

野菜が育つ土は、水はけ（通気性）・水もち（保肥性）のよい土です。一見矛盾している性質ですが、その秘密は「団粒構造」にあります。堆肥を施すと土の粒が集まった「団粒」をつくり、団粒が集まると、団粒と団粒の間に水が流れて空気が通り（水はけ）、団粒内部のすき間に水分が入ります（水もち）。

野菜が育つよい土に改良したら、あとは肥料を施します。土づくりで施す肥料を「元肥」といい、成長するにつれて元肥の肥料分がなくなってきたら「追肥」をします。元肥は少なめが基本で、野菜の成育を見ながら追肥で補います。

土づくりが終わったら、種まき・植えつけの直前までに、畝をつくります。通常、畝の高さは10〜15㎝ほどですが、水はけが悪い粘土質の土や水はけを好むサツマイモを育てる場合は、畝の高さを30㎝くらいにします。

酸度を調べる

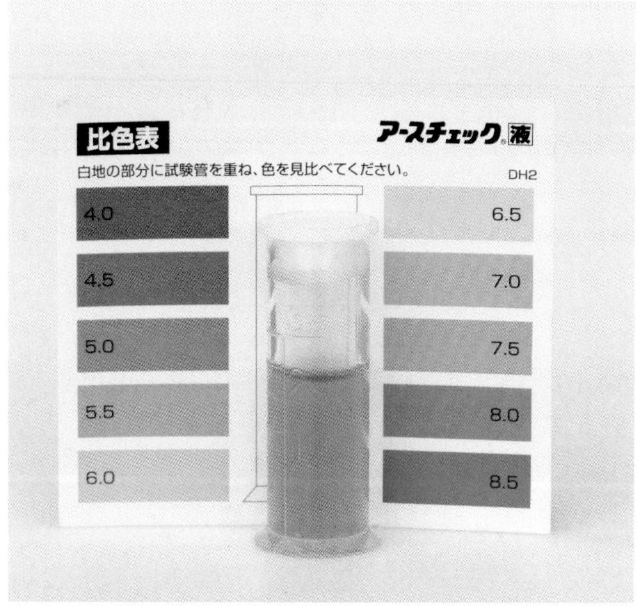

苦土石灰を入れる前に市販の酸度測定キットを使い、土の酸度を調べる。キットの説明書をよく読んで利用する。苦土石灰を400g/㎡ほどまくとpHは1上がる。

団粒構造の土

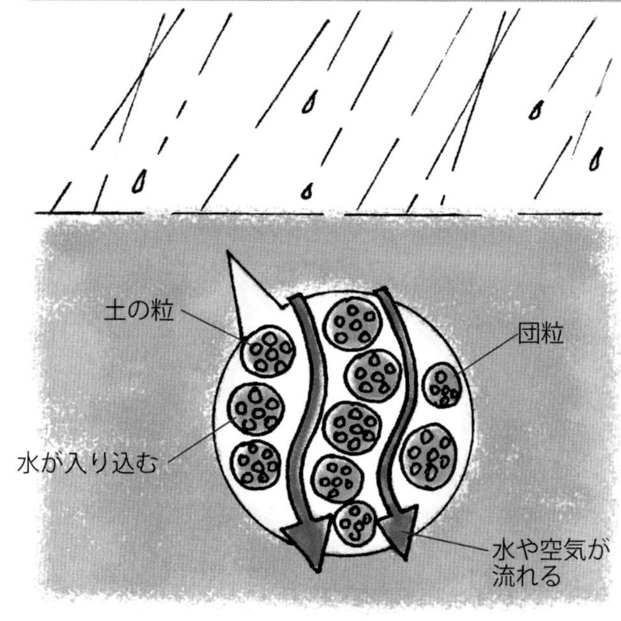

団粒どうしのすき間に水や空気が流れ、団粒内部のすき間に水が入り込む。団粒構造の土にすることで水はけと水もちが両立する。

土づくりの流れ

1 種まき・植えつけの2週間前に畝をつくるスペースにひもを張る。

2 ひもの内側に苦土石灰を均一にまく。pHが高い場合はまかなくてよい。

3 土と苦土石灰がよく混ざるようにクワで耕したら、酸度の調整が完了。ひもは残したままにする。

4 種まき・植えつけの1週間前に堆肥と肥料を施す。通常、堆肥は2kg/㎡程度、肥料は野菜に合わせた量をまく。

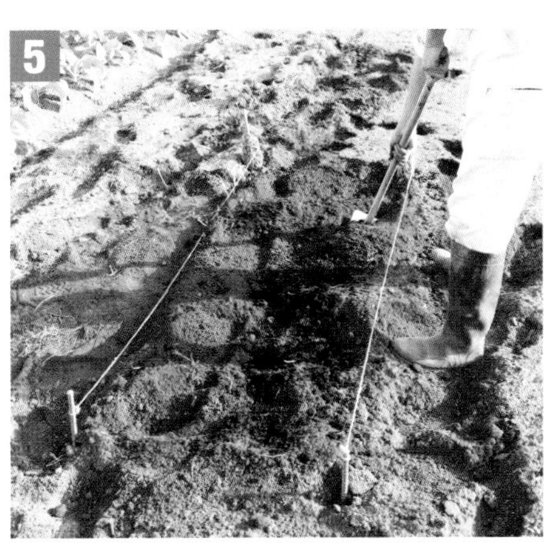
5 堆肥・肥料が土とよく混ざるようにクワでよく耕す。

6 土づくりの完成。ひもは畝づくりまで残しておく。

畝づくりの流れ

1 土づくり直後か、種まき・植えつけ直前までに畝をつくる。土づくりで残したひもの外周を掘り、土を高さ10～15㎝になるようにひもの内側に入れる。

2 表面の土をほぐしながら、木の板などで傾きがないように平らにならしていく。

3 ひもを片づけたら畝の完成。畝の高さは土の状態と栽培する野菜に合わせて調整する。

マルチング

野菜の成育をよくするにはマルチングが有効。

乾燥・病気の予防などの効果

マルチング（マルチ）は畝全体をポリマルチやわらなどで覆うことをいいます。

マルチングには、土の乾燥・泥跳ねによる病気を防ぐ、地温を上げるなどの効果があります。このほか、雑草を防ぎ、雨が土にしみ込まないので肥料が流れ出ることが少なく、土をやわらかく保って根がよく伸びるなど、野菜が成育しやすい土にしてくれます。

一般的には黒のポリマルチが多く使われ、入手しやすく価格も手頃です。ポリマルチには穴のあるタイプとないタイプがあるので、用途に合わせて選ぶとよいでしょう。また、わらでマルチングをすると、通気性も確保でき、栽培後は土にすき込めば分解されるなどの利点があります。

マルチング作業の流れ

1 マルチのすそを埋めるために、畝のまわりに溝を掘る。

2 マルチの端を溝に埋めて、土をかぶせてしっかりと固定する。

3 マルチを転がしながら、畝全体にマルチを張る。

4 反対側の端に土を乗せて固定し、マルチを切る。

5 畝の側面を足で踏みながら土をかぶせる。土は足の甲にかかるくらいにする。

6 畝の完成。空が映るくらいシワなく張れるとよい。

トンネル

野菜を低温や害虫から守り、元気に育てる手助けをします。

成育初期に活躍

種まき・植えつけ時期を守ることで、野菜は元気に成長します。しかし、植えつけ直後に寒いときや、虫が活動している場合は畝にトンネルをかぶせて成育しやすい環境を整えます。

トンネルはトンネル用のアーチ状の支柱を畝に立てて、寒冷紗(かんれいしゃ)や透明フィルムなどをかぶせてつくります。寒冷紗では害虫の飛来を防止し、成育初期の被害を防ぎます。

とくに秋に栽培するアブラナ科の野菜は害虫の被害にあいやすいので、株が大きくなるまでは寒冷紗のトンネルがおすすめです。また、春に気温が低い場合は、透明フィルムのトンネルで、保温します。フィルムの上部に換気孔のあるものが使いやすいでしょう。

トンネル作業の流れ

一坪菜園では、畝が短いのでトンネル用の支柱を畝の端と中央に挿す。

支柱はすべて同じ高さになるように調整する。

トンネル資材を埋めるための溝を畝のまわりに掘る。

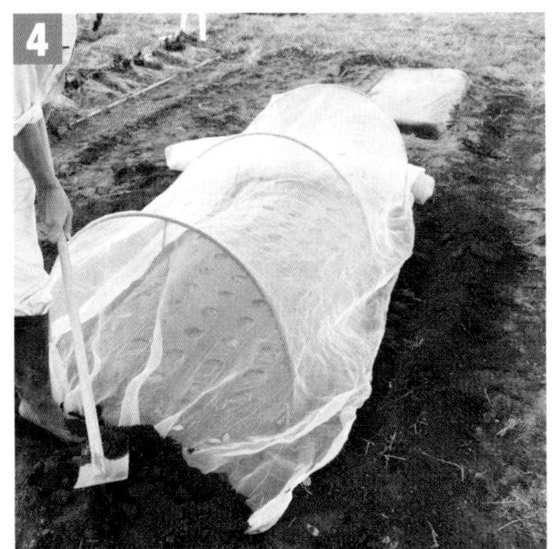

トンネルの端に土をかぶせて固定する。

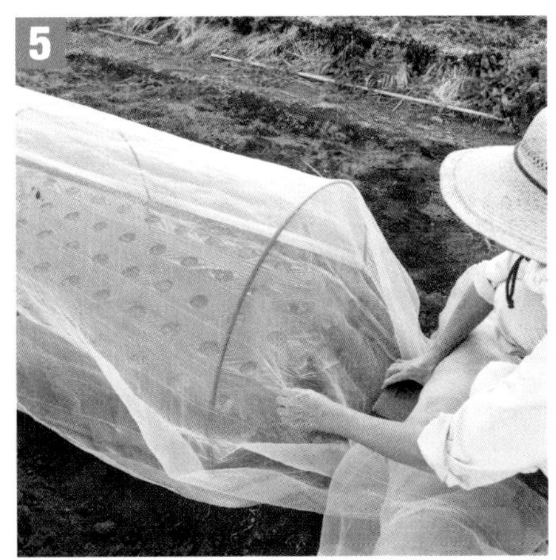

反対側の端から、中心を調整する。端が余るようなら重しを置いて固定する。

側面に土をかぶせて固定したら完成。

種まき

野菜の成育のしかたに合わせて種をまきます。

すじまきと点まきでまく

葉ものや根もの野菜の多くは畑に直接まく直(じか)まきにし、育苗(いくびょう)する野菜はポットにまきます。

コマツナなど間引きながら育てる野菜は、板などで深さ1cmほどの溝をつけて種をまく「すじまき」にします。種をまくときは、種が重ならないようにすると間引きの作業が楽になります。種は人差し指と親指でつまみ、人差し指をこするようにすると落としやすくなります。

あらかじめ株間が決まった野菜を直まきにするときは「点まき」にします。直径2〜3cm、深さ1〜2cm程度の窪みをつくり、その中に3〜4粒の種をまきます。ポットにまく場合は、指で3〜4カ所窪みをつけて種をまきます。どの方法でも種まき時期を守ることが大切です。

種まきの流れ〜すじまき

1 板などで深さ1cmに溝をつくる。条間は各野菜に合わせる。

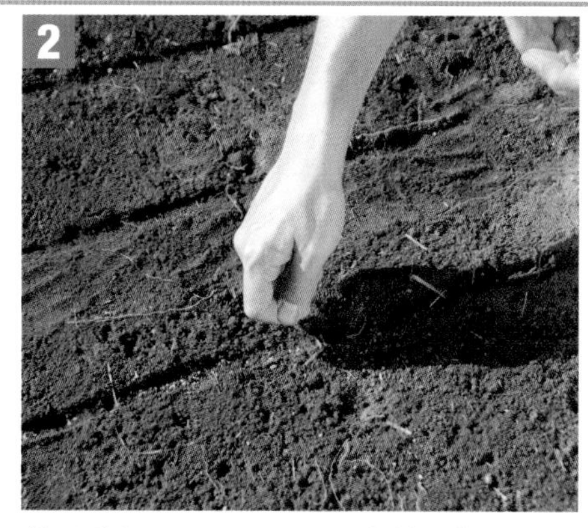

2 種が重ならないように、人差し指をこするように種をまく。

3 土をかぶせて軽く押さえ、種と土が密着するように水やりをする。

種まきの流れ〜点まき

1 野菜の株間に合わせて、深さ1〜2cm程度の窪みをつくる。

2 窪みの中に種を3〜4粒まく。種は重ならないようにする。

3 土をかぶせて軽く押さえ、種と土が密着するように水やりをする。

植えつけ

野菜の成長に合わせた適切な株間で植えつけます。

時期を守って植えつける

ポットで育苗したものや苗を購入した場合は、植えつけから栽培をはじめます。あらかじめ野菜の成長に合わせて株間を決めて植えつけます。株が大きく広がる野菜は株間を広くし、広がりにくい野菜は株間を狭くすることが基本です。

また、種まきと同じように、植えつけも時期を守ることが大切です。春先など、成育適温でない時期に植えつけると遅霜などの影響で株が枯れたり、成育が悪くなったりすることがあります。とくに、苗を購入するときは出回る時期が早いことがあるので、植えつけ時期まで苗の状態で管理するか、植えつけ後に透明フィルムのトンネルで保温します。

植えつけは苗へのダメージが少ない、風が穏やかで、天気がよい日の午前中に行います。

植えつけの流れ

時期になったらある程度の大きさになった苗を植えつける。

野菜に適切な株間を測り、根鉢と同じ大きさの穴を掘る。

ポットの底の中心を押して傾け、根鉢を崩さないように苗を取り出す。

苗を掘った穴に植えつけ、地面と根鉢の上部を同じ高さに調整する。

根鉢の上部に薄く土をかぶせて、軽く押さえる。

根鉢と土が密着するように、たっぷりと水やりをする。

水やり

ちょうどよい量の水を適切なタイミングで与えるのがコツです。

土の表面が乾いたら与える

株元の土に人差し指の先を入れ、土がサラッとしていて水気がなければ、水やりのタイミングです。逆に、しっとりしていたら、乾くまで待ちましょう。

朝、与える

植物が光合成を行うのは午前中のほうが多いといわれています。できれば、朝8時頃までに与えるようにしましょう。特に冬場は、夕方などに水を与えてしまうと、土の中の水が凍って根を傷めてしまうこともあるので注意が必要です。

株元に与える

ホースなどで勢いよく与えると、土の表面が固くなって根が酸素不足になってしまいます。また葉の上からかけると株元に水が届きにくく、花にもかかって花粉が流れてしまうこともあります。ハス口を株元に近づけて、泥はねしないようにまんべんなくたっぷりと与えます。

水やりのポイント

株元にハス口を近づけて、さまざまな方向からまんべんなくたっぷりと与える。育苗期はハス口を上向きにして、やさしい水流で与える。

暑い季節は注意

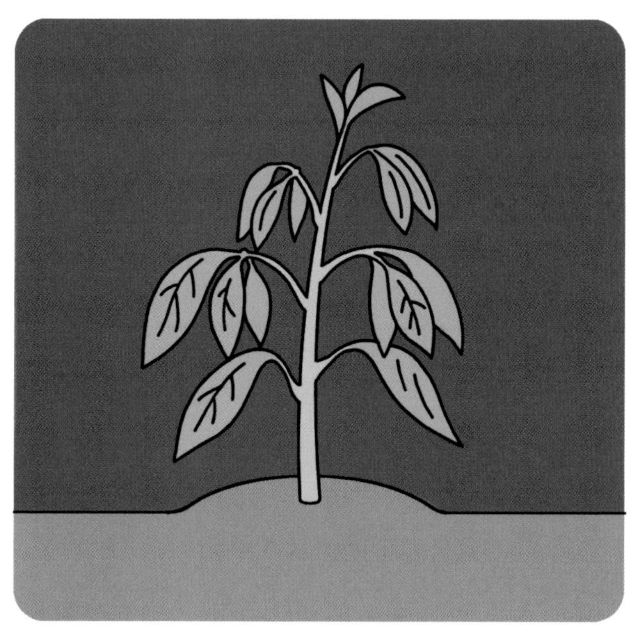

水道の水が熱くなっていることがあるので、必ず手で水温を確認する。また、朝、たっぷり水やりしても午後、ぐったりしてしていたら、もう一度少しだけ与える。

間引き

余分に育てた株を適切な株間になるよう、引き抜いて調整します。

葉と葉がふれ合う程度

すべての種が発芽して健康に育つとは限りません。このため、余分に種をまき、成育が悪い株は引き抜きながら育て、よい株を残します。この作業を「間引き」といいます。葉ものなどのすじまきする野菜は、株の成長に合わせて数回間引いて、適切な株間にしていきます。適切な株間は、葉と葉がふれ合う程度にすると「共育ち（ともそだち）」といって、競い合って丈夫に育ち、風で倒れにくくなります。ポットや点まきも同様に1～2回の間引きで1株にします。

間引く株の目安は、生育が遅い、病害虫の被害がある、葉の形が悪いなどで、間引く株は手で引き抜くか株元（かぶもと）からハサミで切ります。

間引きの流れ（すじまき）

1 葉が重なり合うくらい混み合ってきたら、葉と葉がふれ合う程度に間引く。

2 生育の悪い株を選び、ほかの株が抜けないように株元を押さえて引き抜く。

3 間引きを数回繰り返し、最終的にそれぞれの野菜に合った株間にする。

間引きの流れ（点まき）

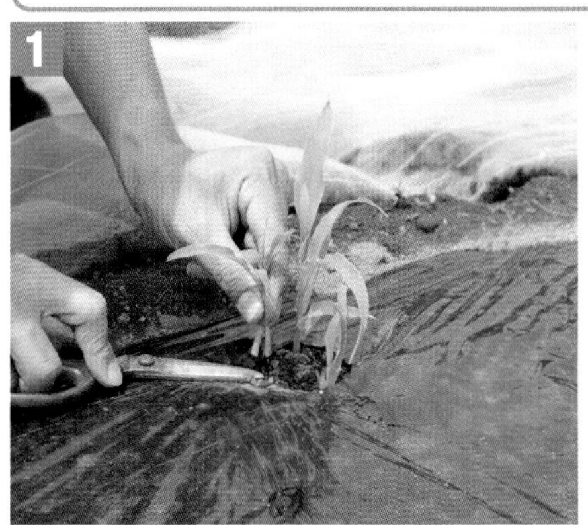
1 株が成長して混み合ってきたら、生育の悪い株を選んで間引く。株が大きいようならハサミで切る。

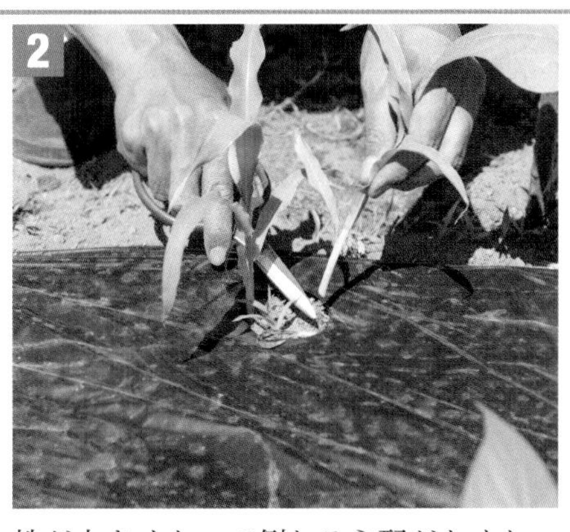
2 株が大きくなって倒れる心配がなくなったら、2回目の間引きで1本にする。

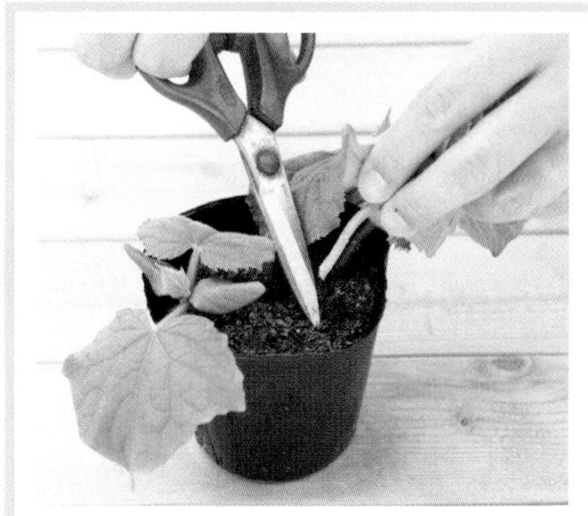
ポットは一度に間引く
ポットは管理して育苗するため、1回の間引きで1本にする。

支柱立て

一坪菜園では支柱を活用して、スペースを有効に利用します。

支柱を立てて誘引する

支柱は一坪菜園の狭いスペースではなくてはならないものです。つるが伸びる野菜は支柱を立てて誘引すると、畑を立体的に使うことができます。スイカ（→P.26）のように地面にはわせて栽培するものも、支柱を立てれば狭いスペースでも栽培できます。

支柱の立て方は斜めに交差させる「合掌式」とまっすぐ立てる「直立式」があります。また、スイカのように、支柱のまわりにつるをはわせる方法を「あんどん仕立て」といいます。

誘引するときは風でつるが折れないように、ひもでつると支柱をゆるめの8の字にかけて支柱側で結びます。

合掌式

1 畝の両脇から斜めに支柱を立て、上部で交差させて縛る。

2 交差部分に支柱を横に渡して乗せ、しっかりと結ぶ。

3 片側の側面に斜めに支柱を立てて強度を高める。誘引用にひもを張ってもよい。

4 株を誘引するひもは、つると支柱をゆるめの8の字にかけて支柱側で結ぶ。

直立式

株元から5cmほど離れた場所に、まっすぐに支柱を立てる。茎に8の字にひもをかけて、支柱側で固定する。

あんどん仕立て

合掌式に立てた支柱を囲むように、ひもを3段に結ぶ。ひもにつるをはわせて上へと伸ばす。実がついたらつるを下げて実を地面につける。

芽かき・摘芯

芽かきや摘芯は株の成長をコントロールする作業です。

株の成長をよくする芽かき

実もの野菜など草丈が高くなるものの多くは、茎の葉のつけ根からわき芽が出てきます。わき芽を摘み取る作業を「芽かき」といいます。芽かきは、株の成長をよくするため、伸ばす茎（枝）やつるの数を調整する目的で行います。芽かきは傷口が乾きやすいように晴れた日の午前中に行い、病気予防のためにハサミは使わずに手で摘み取ります。

芽かきの流れ

1

茎の葉のつけ根からわき芽が伸びてくる。傷口が乾きやすいように晴れた日の午前中に手で摘み取る。

2

摘み取ったあとから再びわき芽が出てくることもあるので、後日チェックする。

成長を止める摘芯

摘芯はつるや茎の先端を摘み取る作業で、株の成長を止める、わき芽や子づるを増やすために行います。株が高いと作業しにくいキュウリやトマトは成長を止める目的で摘芯します。キュウリはさらに子づるを摘芯して実をつけさせます。また、子づる（わき芽）を伸ばすカボチャ、わき芽を増やすモロヘイヤなどは摘芯をすることでわき芽が伸びてきます。

摘芯のタイプ

成長を止める摘芯

高くなりすぎて作業しにくい場合は先端を摘み取る（写真左）。キュウリなどは子づるの先端を摘み、広がりすぎを防ぐ（写真右）。

わき芽を増やす

モロヘイヤなどは摘芯しながら収穫してわき芽を増やす（写真左）。カボチャなどは子づるを伸ばすために行う（写真右）。

追肥・土寄せ

株の成長に合わせて肥料のまき方が変わります。

成育を観察して少なめに施す

追肥では、土づくりのときに施した元肥が成育中に使われたり、流れたりした分を補うために肥料をまきます。

肥料を施すタイミングは、肥料が不足して成育が鈍ったときや花や実がついて養分が必要になる頃です。つまり、よく観察して株の成育具合を日頃から確かめておくことが大切です。

野菜は肥料を根の先で吸収します。根の広がりと葉（枝）の広がりはほぼ同じなので、追肥は基本的に葉の広がりに合わせてまきます。葉が茂っていない時期は、葉の広がりに合わせてドーナツ状に肥料をまきます。葉が広がってきたら畝の脇に溝を掘ってまきます。どちらも化成肥料（N-P-K=8-8-8）の量は1㎡当たり、20g前後が基本です。一坪菜園では畝1本当たり、30g前後が肥料の目安です。

また、追肥を連続して行うときは、基本的に肥料の与えすぎを防ぐために1カ月以上、間をあけましょう。肥料の量は少なめが基本です。

追肥・間引き後は土寄せをする

土寄せは、追肥後や間引き後に株が倒れないように、株元に土を寄せることです。とくにジャガイモやサトイモなどは土寄せでイモが育つので土寄せは重要な作業です。

また、土寄せをするときは畝の表面の土を軽くほぐす「中耕」をします。中耕は雨などで固くなった土をほぐし、土の通気性をよくする目的で行います。マルチを張った土では必要ありません。

根と葉の広がり

写真は栽培後のナス。先端の根は切れているが、葉（枝）の広がりと根の広がりはほぼ同じということがわかる。

土寄せの効果

ネギなどは白い部分をつくるために土寄せをする（写真左）。コマツナなどの葉ものは茎（胚軸）が伸びて株が倒れないようにする（写真右）。

成育に合わせた追肥の方法

成育初期～中期

葉の広がりに合わせて、株元にドーナツ状に肥料をまく。

成育中期～後期

畝の脇に溝を掘り、その中に肥料をまいて溝を埋め戻す。マルチがある場合はマルチのすそを開く。

葉もの野菜

条間に肥料をまく。とくに葉ものは成育が早いので、追肥をする前に株の様子を確認する。

追肥・土寄せの流れ

1 成育初期は株のまわりにドーナツ状に肥料を施す。

2 表面の土を軽くほぐしながら、肥料と土を混ぜる。

3 株元に土寄せをして株が倒れないようにする。

4 株が大きく育ってきたら、畝の脇に溝を掘ってから肥料をまく。

5 溝を埋め戻しながら、株元に土寄せをする。

肥料は握りではかる

肥料の量は成人男性のひと握りでおよそ20～30g、軽くひと握りで10～20g。自分の手で握った量をはかっておくと、肥料をまくときに便利。

人工授粉

人の手で受粉をさせて、確実に実をつけさせます。

虫が少ない時期は人工授粉

実は、虫や風に運ばれた花粉が、雌しべにつくことでできます。通常、人工的に受粉させなくても実はつきますが、虫が少ない、花が落ちる、確実に受粉させるなどの場合は人の手で受粉させる「人工授粉」を行います。

ウリ科などの雄花と雌花が別々に咲く花は、雄花を摘み取って雌しべに雄しべの花粉を直接つけます。また、ナス科の花は、ひとつの花に雄しべと雌しべがそろっているので、花を軽く叩くか支柱を叩いて株全体を揺らして受粉させます。

人工授粉の方法～雄花と雌花をつける

1

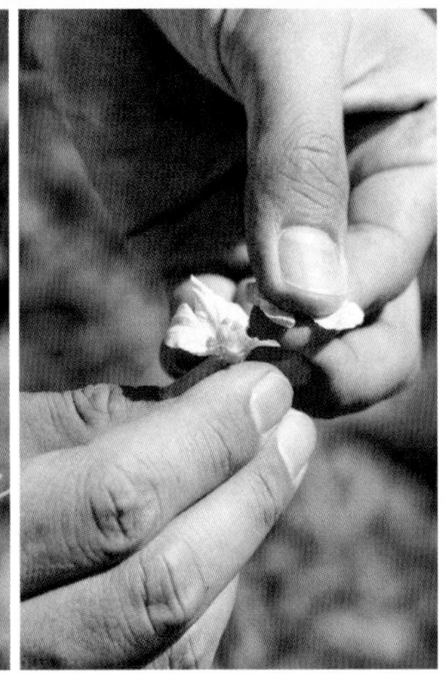

雄花と雌花を探し、雄花を摘み取って花びらを取り除く。明け方から日が高くなる前までに行う。

2

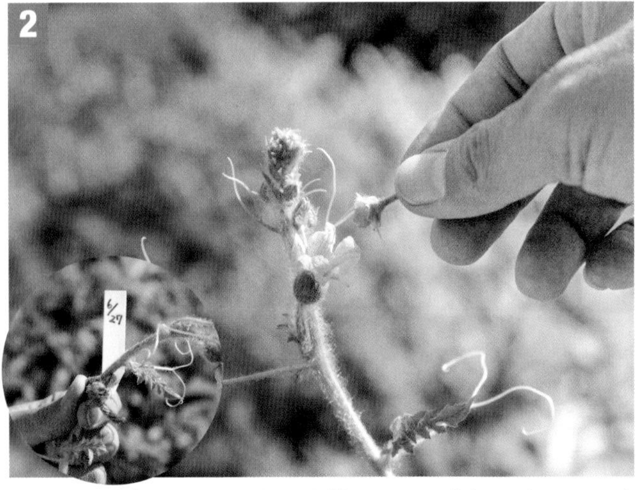

雄しべの花粉をまんべんなく雌しべにこすりつける。スイカなどは受粉日がわかるようにラベルをつける。

振動で受粉させる

1

トマトなどは支柱を軽く叩き、トウモロコシは茎を軽く叩くと花粉が出る。

2

トマトはひとつの花の中に雄しべと雌しべがあるので、花を叩くことで細かな花粉が出て花の中で受粉する。

収穫・片づけ

収穫後は次の野菜のために片づけてから土をつくります。

次の栽培を逆算しておく

実もの野菜の収穫は基本的に手で摘み取るか、ハサミを使って行います。葉もの野菜は包丁かハサミで切るか、手で引き抜きます。根もの野菜は手で引き抜くかスコップを使います。

収穫して栽培を終える時期は、次の栽培がはじまる時期を逆算して決めます。秋栽培では春栽培がはじまる前なので片づける期間は長く取れます。

まずは、野菜を株ごと引き抜き、マルチや支柱を片づけます。マルチや支柱を片づけるときは、ひもやマルチが畑に残らないようにしましょう。麻ひもは、切ったら土にすき込んで分解できるので手間がかかりません。片づけたら土づくりをはじめます。

収穫の方法

実もの野菜

ヘタが固いものが多いので、ハサミで切って収穫する。トマトなどは手で持ち上げるとかんたんに摘み取れる。

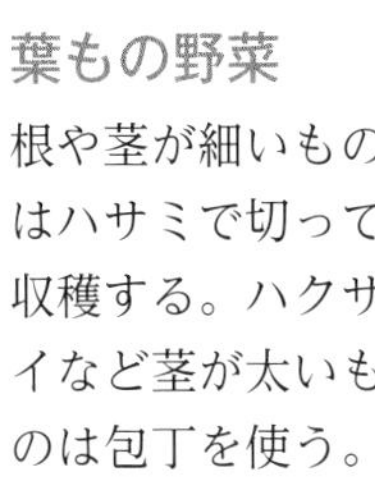

葉もの野菜

根や茎が細いものはハサミで切って収穫する。ハクサイなど茎が太いものは包丁を使う。

根もの野菜

ニンジンなど多くの根もの野菜は手で引き抜けるが、サトイモやサツマイモなどはスコップで掘り上げて収穫する。

片づけの流れ

1 株を引き抜く。つるものはひもや株を切りながら地上部を片づける。

2 支柱やマルチを使った場合はひもやマルチが残らないように片づける。

3 残った株の根を引き抜いたら片づけ完了。すぐに土づくりをはじめる。

病害虫対策

病害虫対策の基本は、野菜の状態を観察して未然に防ぐことです。

摘み取って処分

病害虫対策は、できるだけ畑を見て野菜の変化を観察することが大切です。また、トンネルなどをかけて、あらかじめ病気や害虫がつくことを防ぐとよいでしょう。

病気の被害を受けた葉は摘み取って、畑の外で処分します。株全体に被害を受けた場合は、株ごと抜き取ります。害虫の被害を受けた場合は、手や割りばしなどで害虫を取って処分します。

対処したあとも観察して病気が残ってまた広がらないか、取り残した害虫がいないか観察し続けると初期の段階で被害を食い止めることができます。

改善しない場合は薬剤を散布しますが、説明書をよく読んで、散布するときは肌を露出しないように心がけます。

無農薬で防ぐ

日々野菜を観察し、病害虫の早期発見に努める。発見したら捕殺したり取り除いたりして被害を最小限に抑える。

農薬を使う

風の強い日を避け、使用方法のルールを守り、適切なタイミングと量をかける。自身の防備もしっかりと。

主な病気の特徴と対処法

うどんこ病

多発時期／5～10月
発生しやすい野菜／キュウリ、カボチャ、ニガウリ、ナスなど。
症状／カビのような白い粉が茎や葉の表面に広がる。
予防／チッ素肥料を少なめにし、カリ肥料を多めにする。
対策／発生した箇所を早めに処分する。

モザイク病

発生時期／4～10月
発生しやすい野菜／キュウリ、ピーマン、ダイコンなど。
症状／葉にモザイク状の模様が入り、株全体が萎縮する。
予防／ウイルスを媒体するアブラムシを寄せつけないようにする。
対策／発症した株を抜き取って処分する。

べと病

発生時期／6～7月、9～10月
発生しやすい野菜／ホウレンソウ、キュウリ、マメ科の野菜など。
症状／葉に黄色い斑点が見え、べとついた感じになる。
予防／畝を高くし風通し、水はけをよくする。
対策／発症した葉や枯葉は、持ち出して処分する。

白絹病

発生時期／6～9月
発生しやすい野菜／ナス科、ウリ科の野菜など。
症状／株元に白い絹糸のようなものが現われる。また、菌は土の中で5年ほど生きて別の植物に感染する。
予防／水はけ、風通しのよい場所で育てる。
対策／発生した株を抜き取って処分する。

疫病

多発時期／6〜8月
発生しやすい野菜／キュウリ、ジャガイモ、トマト、ナス、ネギ、ピーマンなど
症状／水がしみたような緑っぽい斑点が発生し、次第に黒くなる。
予防／畝を高くし風通し、水はけをよくする。敷きワラを敷く。
対策／感染部を土ごと取り除く。除去した器具も消毒する。

青枯れ病

発生時期／5〜8月
発生しやすい野菜／トマト、ピーマン、ジャガイモなど
症状／水がしみたような緑っぽい斑点が発生し、次第に黒くなる。
予防／畝を高くし風通し、水はけを良くする。敷きわらを敷く。
対策／感染部を土ごと取り除く。除去した器具も消毒する。

主な害虫の特徴と対処法

アブラムシ

多発時期／4〜6月、9〜10月
発生しやすい野菜／トマト、ナス、キュウリ、ソラマメ、コマツナなど
症状／新芽や葉裏にびっしりと発生し、モザイク病などの病気を媒介する。
予防／葉裏をチェックして卵の段階で処分する。
対策／ハケで紙の上に払い落とし処分する。

アオムシ

多発時期／3〜11月
発生しやすい野菜／キャベツ、ブロッコリー、ダイコンなど
症状／葉に卵を産みつけ、葉を食害する。
予防／植えつけ直後から防虫ネットや寒冷紗（かんれいしゃ）でおおう。
対策／見つけたら捕獲する。葉裏を探して卵を処分する。

ハダニ

多発時期／3〜11月
発生しやすい野菜／ナス、イチゴ、ホウレンソウ、キュウリ、カボチャなど
症状／葉裏に白くこすったような跡や白い小さい斑点がある。進行すると枯れて落葉する。
予防／水やりのときに葉裏に勢いよく散水する。
対策／葉を1枚ずつていねいにふき取る。

ヨトウムシ

発生時期／4〜6月、9〜11月
発生しやすい野菜／キャベツほか野菜全般
症状／夜の間に花、葉、茎を食害する。
予防／植えつけ前に土の中にヨトウムシやサナギがいないかチェックする。植えつけ直後から防虫ネットや寒冷紗でおおう。
対策／葉裏や株の周囲の土を掘り、探して捕殺する。

ナメクジ

多発時期／3〜11月
発生しやすい野菜／キャベツほか野菜全般
症状／発芽したばかりの苗や葉菜類を食害する。
予防／雑草や落ち葉をこまめに取り除き、ナメクジの隠れ場所をなくす。
対策／日中は鉢裏や落ち葉の裏などに隠れていることが多いので、見つけたら捕獲する。

ハモグリバエ

発生時期／5〜10月
発生しやすい野菜／トマト、キュウリ、カボチャ、エンドウマメなど。
症状／幼虫が葉の中に入って食害し、葉に白色の模様筋が現われる。
予防／植えつけ直後から、防虫ネットや寒冷紗でおおう。
対策／ひどく食害された葉は、取り除いて処分する。

有機・無農薬栽培について

有機・無農薬栽培で体に安心、安全な野菜づくりを目指しましょう。

有機・無農薬栽培とは?

「有機栽培」とは、堆肥で土づくりをし、有機質肥料を与えて野菜を育てる栽培方法です。「オーガニック」ともいいます。「無農薬栽培」とは、野菜が育つまでいっさい農薬を使用しない栽培方法のこと。農業では、それぞれ厳密な条件が定められていますが、家庭菜園の場合は、「農薬、化成肥料などの無機質肥料を使わない」「堆肥、有機質肥料で育てる」を基本にしてチャレンジしてみましょう。

有機・無農薬栽培のポイント

①よい土をつくる

よい土は野菜づくりの基本です。まずは浅くても20㎝、できれば30〜40㎝を目標に深めにしっかりと耕します。石や雑草が出てきたらとりのぞきましょう。その後、酸度調整のための石灰、土壌改良剤としての完熟堆肥を全体にまいて耕します。さらに有機質肥料(元肥)を加えて耕します。

有機・無農薬栽培に向く、よい土の条件

1. 水はけ、水もち、通気性がよい

→土にもみ殻やくん炭をすき込む。
→水はけをよくしたいときは､畝を高くする。
→水もちをよくしたいときは､畝を低くする。

軽く握るとかたまりになって、押すとすぐに崩れる土は、水はけ、水もちのバランスがよい。

2. 黒っぽくてフカフカしている

→腐葉土など、植物ベースの有機堆肥を土にすき込む。
→天地返しをする。

小石や枝を取り除き、有機堆肥をしっかりすき込んだ土。

3. 弱酸性である

→酸性に傾けるには堆肥や肥料を与える。
→酸性を弱めるには、石灰、草木灰をまく。

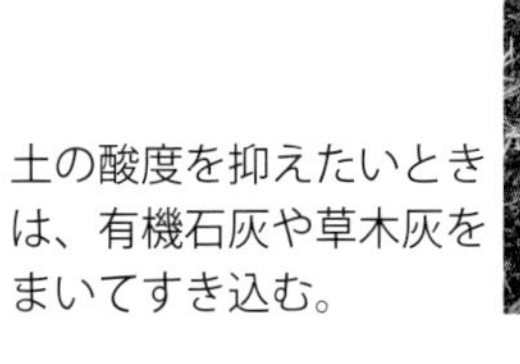

土の酸度を抑えたいときは、有機石灰や草木灰をまいてすき込む。

4. 有機物を多く含んでいる

→有機堆肥、有機質肥料を土にすき込む。

土を弱酸性に整えてから、腐葉土などの有機堆肥を土にすき込み、有機質肥料を施す。

②適切な環境で育てる

日当たりを好む野菜ならば日の当たる場所で、強い日差しを嫌う野菜ならば、適度に日差しがさえぎられる明るい場所で育てるなど、その野菜にとって適切な環境で育てることが大切です。また、成長したときの大きさを考えて株間を十分にあける、他の植物と混み合いそうなら少し離れた場所に植えるなど、風通しも考えましょう。

野菜と日当たりの関係

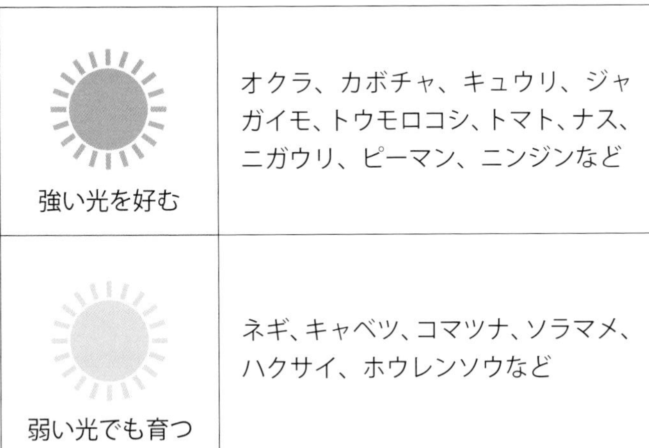

強い光を好む	オクラ、カボチャ、キュウリ、ジャガイモ、トウモロコシ、トマト、ナス、ニガウリ、ピーマン、ニンジンなど
弱い光でも育つ	ネギ、キャベツ、コマツナ、ソラマメ、ハクサイ、ホウレンソウなど

③適切な時期に育てる

それぞれの野菜には発芽や生育に適した温度があります。種袋や苗のラベルなどに記載されている、まきどき、植えどきの時期を守りましょう。また、春と秋のどちらの季節でもスタートが可能な葉物野菜は、秋スタートしたほうが病害虫の発生が低くなります。

野菜と成育適温

高温を好む（25～30℃）	オクラ、ナス、ニガウリ、ピーマンなど
やや高温を好む（20～24℃）	エダマメ、カボチャ、キュウリ、トマト、タマネギなど
やや低温を好む（14～19℃）	カブ、シュンギク、ダイコン、ハクサイ、ブロッコリーなど

※品種によって異なる場合もあるので、種袋などに書かれている情報を確認してください。

④管理する

葉裏にアブラムシがついていないか、枝が混み合って風通しが悪くなっていないか、水は足りているかなど、こまめに様子をチェックすることが大切です。また、アブラムシやアオムシなどの幼虫を予防する防虫ネットやマルチング資材、粘着シートなど病害虫対策グッズ、そばに植えるだけで病害虫を防ぐコンパニオンプランツなども活用しましょう。

野菜によってはアブラムシなどの害虫予防に、寒冷紗を直がけする方法も有効。べたがけと言われる。

⑤同じ土でつくり続けない

同じ場所で同じ野菜、同じ科の野菜をつくり続けると栄養分がかたよって育ちにくくなったり、病害虫が発生しやすくなったりします。これを「連作障害」といいます。翌年も同じ野菜を育てる場合は場所を変える（P.101）、天地返しをする（P.55）、リサイクル土は別の野菜に使うなど配慮します。

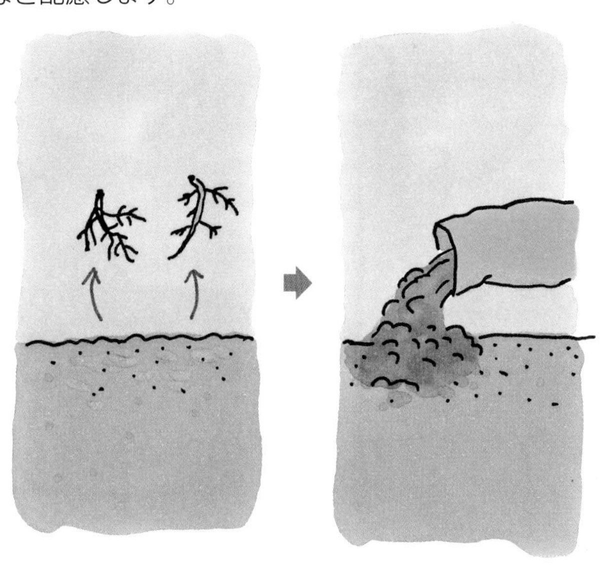

前作の株や根をしっかり取り除いてから、堆肥や腐葉土で土壌改良するだけでも、連作障害のリスクを軽減できる。

有機・無農薬栽培に向く堆肥

堆肥は土の環境を整える資材です。落ち葉や刈り草、わらなどを堆積して発酵させた「落ち葉堆肥」が初心者でもつくりやすいうえ扱いやすく、おすすめです。落ち葉に含まれる植物繊維が、野菜づくりに向かない粘土質や砂っぽい土を、ふかふかの土に変えてくれます。コンテナや狭い範囲の地植えであれば、市販の完熟堆肥を活用してもいいでしょう。

●落ち葉堆肥のつくり方

材料

- 落ち葉（クヌギ、ケヤキ、ブナ、カエデ）
- 刈り草（雑草の種のないもの）
- わら
- 米ぬか
- 鶏ふんなど

1 落ち葉、刈り草、わらを大量に集め、畑の隅などに30～40㎝程度積む。まわりは廃材などで囲む。

2 米ぬかや鶏ふんを上面にまき、全体を足でよく踏みつける。さらに畑の土を全体にかぶせる。

3 1～2を繰り返しながら何層かに積み上げたら、上から大量の水をかけ、足で踏んで全体をなじませる。その後、ブルーシートでおおう。

4 1カ月程度放置し、発酵で温度が上がってきたら、堆肥を下から上へ、内側から外側へと天地返しをする。乾燥していたら水を与え、再びブルーシートでおおう。1～2カ月ごとにこの作業を繰り返す。

完成 全体に黒っぽく、適度な湿り気があり温かく、嫌なにおいがしなければ完成です。白いカビが生えている、キノコが生えている、虫がいるのも、堆肥が完成している証です。

※上記のようなプロセスを経なくても、落ち葉や刈り草を畑の隅に積み重ねておくだけでも堆肥はできます。ただし、時間はもっとかかります。

●堆肥のいろいろ

生ゴミ堆肥

キッチンから出た生ゴミを再利用する環境にやさしい堆肥です。コンポストを使います。

生ゴミは小さく刻んでおきます。コンポストを数cm土に埋め、土と生ゴミを重ね、米ぬかやＥＭ菌(発酵資材)かけると発酵がより進みます。

土中堆肥

畑の畝(うね)と畝の間に溝を掘って、落ち葉、雑草、生ゴミなどを入れ、土を戻します。十分に発酵したら堆肥として使用します。

40～60cmほどの穴を掘る。

堆肥の材料を入れ、しっかり踏み固めてから土を戻す。

雑草袋堆肥

除草で出た雑草、米ぬか、ラクトヒロックス※を袋に詰め、1年間放置すると堆肥ができます。

※乳酸菌・酵母など10種類の有用微生物の働きで、土を団粒構造に変える土壌改良剤。

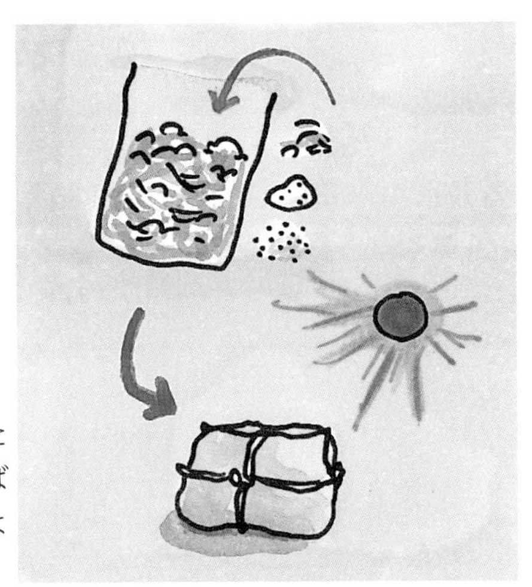

材料を袋に詰めたら口をひもでしばって日当たりのよいところに置く。

培養土(ばいようど)って何?

園芸店などで市販されている「培養土」は排水性、通気性、保湿性など、植物にとってバランスのよい土になるようにあらかじめブレンドされた土のことです。土壌改良の必要がなく、すぐに野菜を植えることができます。プランターや狭い範囲で野菜を育てるのには便利です。

●堆肥に向く材料

堆肥になりやすいもの	堆肥になるまで時間がかかるもの	堆肥に向かないもの
落ち葉類／ケヤキ、カエデ、コナラ、クヌギ、ブナ、サクラ、プラタナスなど 生ゴミ／野菜くず、卵の殻など 雑草／種がついていないもの	落ち葉類／マツ、スギ、イチョウ、ヒノキ、ササ、タイサンボクなど 生ゴミ／魚、骨、残飯	木の枝、繁殖力の強い雑草、肉類、ペットのふん、防カビ剤がついた果物の皮、病害虫に冒された植物

有機・無農薬栽培に向く肥料

堆肥は土をふかふかな状態にしますが、栄養はほんの少ししかありません。そこで肥料が必要になります。有機質肥料には動物性と植物性があり、動物性の肥料ならば鶏ふん、骨粉など、植物性の肥料ならば油かす、草木灰などがあります。化成肥料と違い、効果は穏やかに現われるので、元肥として、種まきや植えつけの2～3週間前に土にたっぷり施します。

●代表的な有機質肥料

油かす

ナタネなどの種から油を絞りとったもの。チッソを多く含む。

骨粉

家畜の骨を細かく砕いて乾燥された肥料。リン酸を多く含む。

鶏ふん

鶏のふんを発酵、乾燥させた肥料。リン酸をメインにチッソ、カリも含む。

●有機質肥料のいろいろ

油かす液肥

一般的な有機質肥料は効き目が穏やかで追肥には向きませんが、油かす液肥は効き目が早く追肥に向いています。水やりも兼ねて毎日使う場合は、大量の水で薄めます。

つくり方

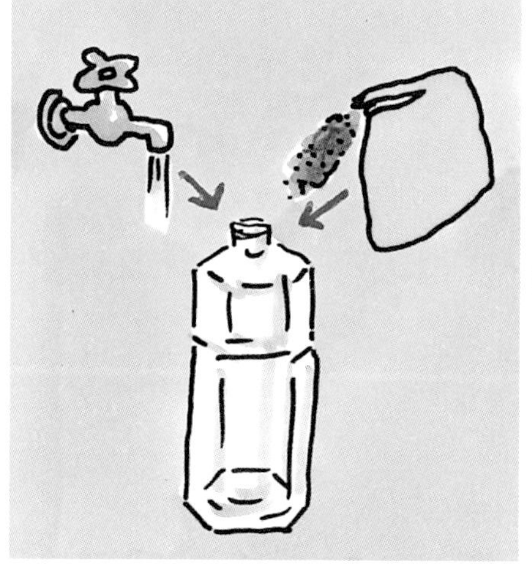

2ℓのペットボトルに油かす200gを入れる。

発酵し臭いが弱くなったら上ずみ液を水で10～15倍に薄めて使う。

草木灰

水溶性カリを多く含み、有機質肥料の中では即効性が高い肥料です。特に根菜類におすすめです。市販のものもありますが、雑草などを利用して畑の隅などでつくることができます。

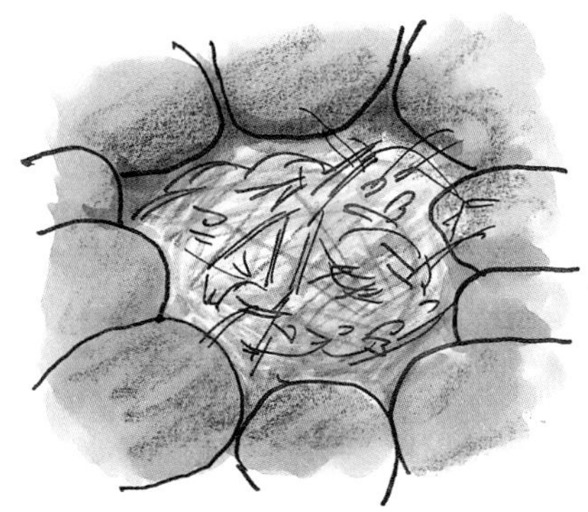

雑草や野菜の残りをよく乾燥させる。畑の隅に石などで囲いをつくって燃やす。

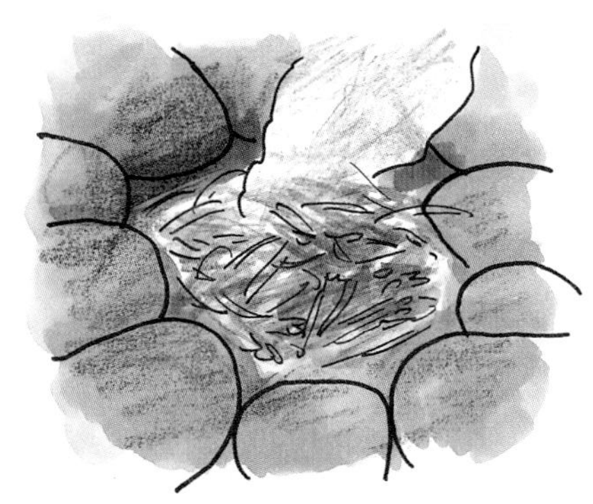

白い煙が立ち上がっている状態を保てるように、雑草や野菜を様子を見ながら足していく。

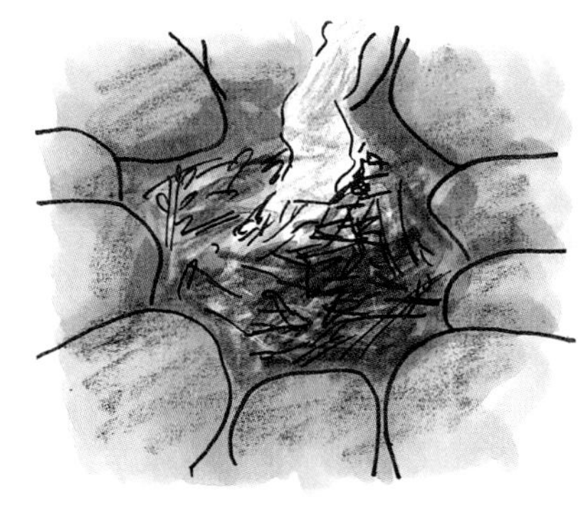

黒い灰になる程度に燃えたら、水で薄めた酢をかけて鎮火する。

緑肥

刈り取ってから、または刈り取らずにそのまま耕して肥料にする植物のこと。種ができる前に肥料にするのがポイントです。よく根を張って土を耕すのと同じ効果を発揮したり、害虫の発生を防いだりします。

緑肥として代表的なもの

マメ科	クローバー、レンゲ、クロタラリア、ヘアリーベッチなど
	根粒菌との共生で、野菜の成育に欠かせない窒素成分を豊富に含んでいる。
イネ科	トウモロコシ、ライ麦、小麦など
	吸肥率が高く、土にすき込むと肥料としての効果がある。また、草丈が高いので、害虫よけ、風よけなどで利用されることも。成育後に刈り取ったワラは、マルチングにもなる。
その他	マリーゴールド
	虫よけ効果がある。
	ヒマワリ
	植物繊維が豊富。
	葉もの野菜
	チッソ過剰の土壌を改良する。

放置肥料

雑草や落ち葉などを隅に置いておくだけでできる肥料。時間はかかりますが、肥料効果は長持ちします。

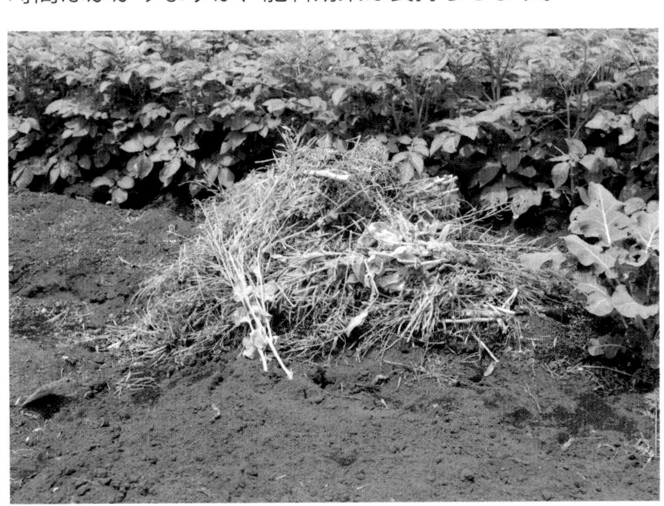

除草した雑草は捨てないで片隅に積み重ねておく。

ぼかし肥って何?

有機質肥料を発酵させ、効果を穏やかにした（ボカした）肥料のこと。一般的な有機質肥料は未発酵なので追肥に不向きだが、ぼかし肥は元肥にも追肥にも使える。腐葉土、鶏フン、米ヌカ、生ゴミなどから手作りもできるが、市販のものを利用してもよい。

コンパニオンプランツを活用する

そばに植えるだけで病害虫を防いだり、成長を促進させたりする効果のある植物のことを「コンパニオンプランツ」といいます。また、あえて囮りとして害虫を引き寄せ、益虫を招き入れたり、肥料分を土に補給したりする植物もあります。植物の持つ力を最大限に活用することも、有機・無農薬栽培を成功に導く１つの方法です。

●コンパニオンプランツの組み合わせ例

植物名	組み合わせ植物名	効果	植物名	組み合わせ植物名	効果
マリーゴールド	アブラナ科、ダイコン	アブラナ科の害虫を遠ざける。根こぶセンチュウというダイコンの病気を予防する。	ボリジ	ズッキーニ、トマト	トマトを食害するスズメガの幼虫を遠ざける。ズッキーニの成長を促す。
バジル	アブラナ科	アブラナ科に寄りつく害虫を遠ざける。	ミント	あらゆる野菜、キャベツ、トマト	アブラムシを遠ざけ、キャベツ、トマトの風味をよくする。
チャイブ	ナス科、ウリ科	根に生息する菌が、病気を発生させる菌を抑える。	レモンバーム	トマト	花がハチを招き、受粉を助ける。
コリアンダー	あらゆる野菜	アブラムシを予防する。	エダマメ	ニンジン	チョウ類、カメムシを遠ざける。
キンセンカ	トマト、ニンジン	トマトを食害するスズメガの幼虫、ニンジンにつくハエを遠ざける。	ヒマワリ	あらゆる野菜	アブラムシを引き寄せる劣りになって、益虫であるテントウムシを招く。
タイム	あらゆる野菜	アオムシやハエを遠ざけ､益虫を呼ぶ。	マメ科植物	空気中のチッソを取り込んで、土に補給する性質がある。	
ナスタチウム	キャベツ、ウリ科の野菜	アブラムシやヘリカメムシ科の虫、カボチャにつく甲虫を遠ざける。	イネ科植物	余分な肥料分を吸収し、地中にしっかりと根を張るので土壌改良の効果がある。	

道具と資材

野菜を育てる前にこのページの道具や資材をそろえましょう。

ハサミ

野菜栽培の多くの場面で使用する道具。手に合ったものを選び、細かな作業では刃先が細いものが使いやすい。

包丁

茎が太いハクサイなどを収穫するときに利用する。

ポット（ポリポット）

苗を育てるために必要なポリエチレン素材のポット。3号（直径9㎝）～3.5号（直径10.5㎝）がよく使われる。

バケツ

水や肥料を運ぶときに使うので、用途に合わせてサイズの違うものを用意しておくとよい。

メジャー

畝や株間を測る道具。一坪菜園では5m前後のものが、ひとつあるとよい。

ジョウロ

ハス口が取り外せるものがよい。1カ所にまくときは下向きに、ハス口を上向きにすると広くまくことができる。

ひも

支柱に茎やつるを誘引し、支柱を固定するときに使う。麻ひもは土に埋めると分解される。

マルチ（ポリマルチ）

畝を覆うことで乾燥と雨の跳ね返りを防ぐ。黒色のものは地温上昇と雑草防止にも役立つ。

スコップ

土を掘り起こして耕すときや収穫時に使う。

支柱

高さのある野菜を誘引するときや、株を支えるために使用する。アーチ状のものはトンネルをつくるときに使う。

レーキ

畝の表面の土をほぐし、平らにならすなど、畝づくりのときに利用する。

クワ

畝をつくるとき、溝を掘るときなどさまざまな場面で活躍する。

監修

北条　雅章（ほうじょう　まさあき）

1976年千葉大学園芸学部卒。元千葉大学環境健康フィールド科学センター准教授。蔬菜（そさい）園芸学が専門。現在は、栃木県益子町で稲作や園芸作物の栽培のかたわら、菜園管理の手法を開発している。監修書に『野菜の上手な育て方大事典』（成美堂出版）、『タネのとり方もわかる！ おいしい野菜づくり』（池田書店）、『野菜とハーブの水耕栽培』（ブティック社）などがある。

STAFF

写真撮影：田中つとむ
デザイン：ドット・テトラ
イラスト：あくつじゅんこ
校　　正：みね工房
編集製作：株式会社童夢

一坪でできる野菜づくり 新装版

2020年4月20日　初版発行

監　修	北条雅章
編集人	坂部規明
発行人	志村　悟
印　刷	凸版印刷株式会社
発行所	株式会社ブティック社 TEL:03-3234-2001 〒102-8620 東京都千代田区平河町1-8-3 https://www.boutique-sha.co.jp
編集部直通	TEL:03-3234-2071
販売部直通	TEL:03-3234-2081

PRINTED IN JAPAN　　ISBN:978-4-8347-9027-6

この本は既刊のブティック・ムック no.1355『一坪でできる野菜づくり』に新規内容を加え、書籍として再編集したものです。